AF145359

Maria Muñoz Muñoz

La visión del payaso

Una verdadera tragedia

Die Vision des Narren

Eine echte Tragödie

spanisch-deutsche Ausgabe

Verlag Books on Demand GmbH

Bibliografische Information der Deutschen Nationalbibliothek:
Die Deutsche Nationalbibliothek verzeichnet diese Publikation
in der Deutschen Nationalbibliothek; detaillierte bibliografische
Daten sind im Internet unter http://dnb.dnb abrufbar.

La visión del payaso
Die Vision des Narren
von Maria Muñoz Muñoz

1. Auflage
© 2014 Maria Muñoz Muñoz
www.verlag-culturella.de
www.marias-selfpublishing-bar.jimdo.com

Illustrationen Cover und Rückseite, Layout:
Maria Muñoz Muñoz

Vorwort & Übersetzung in die spanische Sprache:
Paulino Muñoz Muñoz

Lektorat:
Berta Villarino Cirici (E)
Paulino (E) & Maria Muñoz Muñoz (E + D)

Herstellung und Verlag:
BoD - Books on Demand, Norderstedt | www.bod.de
ISBN 978-3-734-73475-5

Sobre el contenido

Según la Constitución la dignidad del orden social existente es inviolable - ya sólo hay aristócratas, „cabestreros" y funcionarios. El estado vela con precisión sobre el cumplimiento de la tarea primordial de los aristócratas que consiste en realizar corridas cada vez más peligrosas en las cuales sus cabestreros tiran de los carruajes. Sin embargo, Tamino y su fiel Papageno se unen al movimiento político clandestino a pesar de todos los peligros...

Un homenaje a las visionarias obras maestras „1984" de George Orwell, „Un Mundo Feliz" de Aldous Huxley y „Modern Times" de Charlie Chaplin.

Zum Inhalt

Laut Grundgesetz ist die Würde der bestehenden Gesellschaftsordnung unantastbar – es gibt nur noch Edelleute, „Geschirrträger" und Funktionäre. Dass die Edelleute ihrer Hauptaufgabe nachkommen, die darin besteht, jedes Mal gefährlichere Rennen zu veranstalten, in denen die Geschirrträger ihre Wagen ziehen, darüber wacht der Staat genau. Tamino und sein Getreuer Papageno jedoch schließen sich dem politischen Untergrund an, trotz aller Gefahren...

Eine Hommage an die visionären Meisterwerke „1984" von George Orwell, „Schöne Neue Welt" von Aldous Huxley und „Moderne Zeiten" von Charlie Chaplin.

5

"El sueño de la razón produce monstruos"

Cuando reflexionaba un prólogo para esta obra, me topé con una entrevista de Rafael Álvarez, *"El Brujo"*, ese genio del teatro español contemporáneo, donde decía tres cosas muy relacionadas con lo que yo ya tenía en mente. A saber: una cita de Einstein sobre el amor y la ciencia, algo sobre el dilema rebeldía–sumisión y la consideración del público como parte del acto teatral. Las explico.

Decía Einstein en una carta a su hija algo así como "ya pueden los físicos investigar todo lo que quieran, la fuerza más poderosa del universo es el amor". Un mundo, como el nuestro, donde la misma ciencia ignora la fuerza principal que lo sostiene (o que actúa al margen de ella) se vuelve seguro horrible. El título de un cuadro de Goya, el que uso como rótulo de este prefacio, bien se podría parafrasear aquí: *La ciencia sin amor produce totalitarismos*. Así, en la película *Tiempos Modernos* de Chaplin, el "sueño de la razón" produce un mundo donde las máquinas invaden todos los ámbitos de la vida. En la novela *Un Mundo Feliz* de Huxley, los laboratorios de genética humana configuran de antemano el orden social "perfecto", y en *1984* de Orwell, la razón del *Gran Hermano* produce el monstruoso Estado totalitario absoluto. En tales obras se describen mundos ficticios, pero con una fuerte referencia al mundo real, e incluso actual. Su mensaje, además, sigue teniendo vigencia: las máquinas de Chaplin serían hoy el *mundo digital*. Los bebés-probetas de Huxley bien podrían alegorizar los cerebros de las personas que estudian en escuelas y universidades actuales. En cuanto al *Gran Hermano,* le vemos muy capaz de accionar en todas las esferas de nuestra vida.

Rebeldía o sumisión, *that is the question*. También en la citada entrevista, El Brujo muestra una profunda admiración por los clásicos místicos españoles (Teresa de Ávila, Juan de la

Der Schlaf der Vernunft erzeugt Ungeheuer

Als ich ein Vorwort für dieses Werk ersann, stieß ich auf ein Interview mit Rafael Álvarez, *"El Brujo"* (Künstlername, dt. "der Hexer"), diesem Genie des zeitgenössischen spanischen Theaters, in dem er drei Aussagen traf, die stark mit dem in Beziehung standen, was ich bereits im Kopf hatte: ein Zitat von Einstein über die Liebe und die Wissenschaft, etwas über das Dilemma Auflehnung–Ergebung, und die Einbeziehung des Publikums als Teil der Theaterhandlung. Ich erläutere sie.

In einem Brief an seine Tochter sagte Einstein etwas wie: "die Physiker können forschen, was immer sie wollen, die mächtigste Kraft des Universums ist die Liebe". Eine Welt wie die unsere, in der die Wissenschaft selbst die grundlegende Kraft ignoriert, die diese aufrecht erhält, oder außerhalb ihrer handelt, wird mit Sicherheit schrecklich. Der Titel eines Gemäldes von Goya, den ich als Überschrift für dieses Vorwort benutze, könnte man hier gut umschreiben: *Die Wissenschaft ohne Liebe bringt Totalitarismen hervor.* So erzeugt der "Schlaf der Vernunft" im Film *Moderne Zeiten* von Chaplin eine Welt, in der die Maschinen in alle Lebensbereiche vordringen. Im Roman *Schöne Neue Welt* von Huxley konfigurieren die menschlichen Genlabors im Voraus die "perfekte" Gesellschaftsordnung, und im *1984* von Orwell bringt die Vernunft des *Großen Bruders* den ungeheuerlichen, absolut totalitären Staat hervor. Diese Werke beschreiben fiktive Welten, aber mit einem starken Bezug zur realen, und sogar aktuellen Welt. Ihre Botschaft ist außerdem nach wie vor gültig: Chaplins Maschinen wären heute die *digitale Welt*. Huxleys Retortenbabies könnten gut für die Gehirne der Personen stehen, die an heutigen Schulen und Universitäten lernen. Was den *Großen Bruder* betrifft, sehen wir ihn sehr fähig darin, sich in allen Sphären unseres Lebens zu betätigen.

Auflehnung oder Ergebung, *that is the question*. Im genannten Interview drückt El Brujo auch eine tiefe Bewunderung für die klassischen spanischen Mystiker (Teresa de Ávila, Juan de la

Cruz), algunos de cuyos textos incorpora a su peculiar forma de hacer teatro. En ellos –dice– percibe una rebeldía tremenda que late en un entorno externo de sumisión (dogma religioso, disciplina monacal, la Inquisición de la época…). O sea, justo lo contrario de lo que sucede hoy: rebeldía retórica por fuera y sumisión de hecho por dentro.

Y ante todo, esta es una pieza de teatro, es decir, con escenario, actores y público. Para El Brujo, el público forma parte también de la representación teatral. Claro que este componente se pierde en la mera lectura, pero se puede subsanar con un poco de imaginación, esto incluye la interpretación del contenido. Como en las tres obras citadas arriba, *"La visión del payaso"* describe un mundo irreal pero con vinculaciones directas al de todos los días. Hay que descubrirlas, la lectura en sí es un acto creativo.

En la didáctica de idiomas importa hoy, ante todo, la estratégia comunicativa. El hecho de ser esta una obra bilingüe y de teatro, la convierte en un "regalo" para los que aprenden el otro idioma. La traducción del alemán al español ha buscado la equivalencia estructural entre ambas lenguas, cosa no muy difícil pues se trata de diálogos sencillos con un léxico relativamente cotidiano.

Por último, solo me falta dar gracias a *Rafa* (le conozco personalmente) por su inspirada entrevista. Ya le he mandado copia de la obra, con la ligera esperanza de que tenga tiempo de leerla, le guste y –quien sabe– la incorpore a su teatro. De hecho, ya me imagino a Tamino, el protagonista de esta *tragedia ficticia*, con la cara del Brujo.

Paulino Muñoz Muñoz

8

Cruz) aus. Einige ihrer Texte integriert er in seine einzigartige Weise, Theater zu machen. Er sagt, er nimmt an ihnen eine enorme Auflehnung wahr, die in einem äußeren Umfeld von Ergebung klopft (religiöses Dogma, klösterliche Disziplin, Inquisition der Epoche...). Das heißt, genau das Gegenteil von dem, was heute geschieht: rhetorische Auflehnung nach außen hin, und in Wirklichkeit innere Ergebung.

Und vor allem ist dies ein Stück für das Theater, das heißt, mit Bühne, Schauspielern und Publikum. Für *El Brujo* stellt das Publikum auch einen Teil der Theatervorführung dar. Klar, diese Komponente geht bei der reinen Lektüre verloren. Aber ein wenig Vorstellungskraft kann Abhilfe schaffen; das beinhaltet auch die Interpretation des Inhalts. Wie in den drei oben genannten Werken beschreibt *"Die Vision des Narren"* eine irreale Welt, aber mit direkten Verbindungen zur Alltagswelt. Man muss sie entdecken; das Lesen an sich ist ein schöpferischer Akt.

In der Sprachdidaktik ist heute vor allem die kommunikative Strategie wichtig. Dass dieses Werk zweisprachig und für das Theater ist, macht es zu einem "Geschenk" für jene, die die andere Sprache lernen. Die Übersetzung vom Deutschen ins Spanische hat die strukturelle Gleichwertigkeit zwischen beiden Sprachen gesucht, keine sehr schwierige Sache, da es sich um einfache Dialoge mit relativ alltäglichem Vokabular handelt.

Zum Schluss fehlt mir nur noch, *Rafa* (ich kenne ihn persönlich) Danke für sein inspiriertes Interview zu sagen. Ich habe ihm bereits eine Kopie des Werkes geschickt, in der leichten Hoffnung, dass er Zeit hat, es zu lesen, es ihm gefällt, und er es – wer weiß – in seine Theaterkunst integriert. In der Tat habe ich schon Tamino, die Hauptfigur dieser *fiktiven Tragödie*, mit dem Gesicht des Brujo vor Augen.

Paulino Muñoz Muñoz

Personajes

Tamino: al principio cabestrero, después noble
Papageno: cabestrero, amigo de Tamino
Maximiliano de Grossburgo, noble. Su *equipo*:

**Federico de Herrenberg, Carlos de Auritz,
Alejandro de Lethe, Harro de Germsee**
Cabestreros: **Tamino, Stefan, Peter, Lutz, Josef**

Un **registrador**, al principio con cuarenta años,
después sesenta y algo más

Otros dos **funcionarios**
Una **asesora de la Fábrica de Nobles**
Un tal **señor Grandes**, cliente de la Fábrica de Nobles

Un **comandante**
Policías de civil y de uniforme
Empleados de vigilancia y **soldados**

Presos:
Gernot del Verde, Hasso de Broden, Jecke de Aspis,
Seliger de la Rahe, Anselmo de Jultal, Hans
así como otros *diez aristócratas* y *cinco cabestreros*

El **dueño** de un hostal
Dos camareros y algunos *clientes*
Algunos **insurrectos** (véanse entre „presos")
Un **fantasma mujer**

10

Die Personen

Tamino, erst Geschirrträger, später Edelmann
Papageno, Geschirrträger, ein Freund von Tamino
Maximilian von Großburg, Edelmann

Sein Team:
Friedrich zu Herrenberg, Karl von Auritz,
Alexander von Lethe, Harro von Germsee
Geschirrträger: Tamino, Stefan, Peter, Lutz, Josef

Funktionär der Registrierung *erst Anfang vierzig,*
später Anfang sechzig und älter

Weitere zwei Funktionäre
Beraterin der Edelmann-Produktionsstätte
Herr Großborn, Kunde der Edelmann-Produktionsstätte

Ein Kommandant
Polizisten in Zivil und Uniform
Wachleute und Soldaten

Gefangene:
Gernot von Grün, Hasso von Broden, Jecke von Aspis,
Seliger von der Rahe, Anselm von Jultal, Hans,
sowie zehn weitere Edelleute und
fünf weitere Geschirrträger

Der Wirt eines Lokals
Zwei Kellner und Gäste
Aufständische *(siehe unter Gefangene)*
Ein weibliches Gespenst

INTRODUCCIÓN
La dichosa sencillez en la sociedad moderna

(Un pasillo largo y oscuro conduce al centro del escenario, donde está un hombre junto a un atril. A cada lado del atril hay una cesta, no se ve lo que se encuentra en ellas. Ante el atril hace cola un grupo de gente. Las personas están en un pasillo oscuro y son llamadas mediante un golpe de timbal.)

FUNCIONARIO. ¡El siguiente!

(Aparece un hombre con ropaje noble medieval y tiende al otro un enorme trozo de papel).

FUNCIONARIO: Así pues, ustéd es noble, según leo aquí.

MAXIMILIANO DE GROSSBURGO. Sí, lo soy.

FUNCIONARIO. ¿Su nombre y su edad?

MAXIMILIANO DE GROSSBURGO. Maximiliano de Grossburgo, veinticinco años.

FUNCIONARIO. Bien, bien. Esto hay que documentarlo debidamente. *(Se quita sus quevedos gruesos y escribe todo con pluma en un libro enorme).* Listo. Vamos al siguiente paso. *(Mete la mano en la cesta a su derecha).* Aquí tiene usted el látigo que como noble le corresponde. Y ahora retírese por la derecha.
¡El siguiente!

Vorspann
Von der seligen Einfachheit
in der modernen Gesellschaft

Ein langer dunkler Gang führt auf die Mitte der Bühne. Dort steht an einem Pult ein Mann. Auf jeder Seite des Pults ein Korb, dessen Inhalt man nicht sieht. Menschen stehen in dem dunklen Gang vor dem Pult Schlange und werden im Takt eines Paukenschlags aufgerufen.

Funktionär: „Der Nächste!"

Ein Mann in vornehmer mittelalterlicher Kleidung tritt vor und hält dem anderen ein riesiges Stück Papier hin.

Funktionär: „So, Sie sind also ein Edelmann, so steht es hier geschrieben."

Maximilian von Großburg: „Ja, das bin ich."

Funktionär: „Name, Alter?"

Maximilian von Großburg: „Maximilian von Großburg, fünfundzwanzig."

Funktionär: „So, so, das dokumentieren wir hier ordentlich." *nimmt dicken Kneifer ab und schreibt alles mit einer Feder in ein riesiges Buch.* „Das wäre erledigt. Nächster Schritt" *greift in Korb zu seiner Rechten* „ist… hier haben Sie die Peitsche, die Ihnen als Edelmann zusteht. Und jetzt nach rechts abgetreten! Und der Nächste!"

13

(*Otra vez aparece un hombre, esta vez con vaqueros y camisa*).

FUNCIONARIO. ¿Es usted noble?

TAMINO. No.

FUNCIONARIO. ¿Su nombre y su edad?

TAMINO. Tamino, dieciocho años.

FUNCIONARIO. Bien, bien. Tamino, dieciocho... Muy bien: joven, fuerte, todavía sin usar... (*Escribe algo, mete la mano después en la cesta a su izquierda*). Aquí tiene su herramienta.

TAMINO. ¿Qué? ¡Un cabestro!

FUNCIONARIO. Claro, ¿qué se había pensado?

TAMINO. ¿Y qué hago yo con ésto?

FUNCIONARIO. Pues hombre ... ponérselo. Tiene que ponérselo.

TAMINO. ¿¡Cómo!?

FUNCIONARIO. ¡Vaya por Dios! ¿Es que aquí sólo hay idiotas? ¿Es que no lo he dicho claro? ¡Póngaselo y punto! No hay otra cosa. Debería habérselo pensado antes y haberse hecho noble. O sea, que primero son vagos y después se extrañan. Lo que hay que ver...

Wieder tritt ein Mann vor, diesmal in Jeans und Hemd.

Funktionär: „Edelmann?"

Tamino: „Nein."

Funktionär: „Name, Alter?"

Tamino: „Tamino, achtzehn."

Funktionär: „So, so, Tamino, achtzehn… - sehr gut: jung, stark, unverbraucht…" *schreibt, greift dann in den Korb zu seiner Linken* „so, hier ist Ihr Arbeitsgerät."

Tamino: „Ein Pferdegeschirr?"

Funktionär: „Ja, was haben Sie denn gedacht?"

Tamino: „Und was soll ich damit?"

Funktionär: „Ja, Mensch, anziehen, anziehen sollen Sie das!"

Tamino: „Wie bitte?"

Funktionär: „Ja Herrgott noch mal, sind denn hier nur Idioten? Habe ich mich nicht klar ausgedrückt? Zieh er das Ding an, und fertig! Was andres gibt es nicht. Hätten Sie mal früher dran denken und Edelmann werden sollen! Erst faul sein und sich dann noch wundern, also so was.

¡Y ahora retírese por la izquierda, venga! por si fuera poco, quieren además que interrumpamos nuestra marcha!

TELÓN

PRIMER ACTO.
Un noble cuenta de qué va la cosa y un cabestrero que está harto de ella.

(Veinte años más tarde. El escenario aparece dividido en dos partes; una es una sala, la otra es la caballeriza de los cabestreros. Las dos partes se comunican entre sí a través de una puerta. La caballeriza tiene otra puerta que da a la parte trasera del escenario, por allí se oye gente hablando alto.

Se abre la puerta y entra Tamino a trote tirando del carruaje de Maximiliano de Grossburgo. Entran también los otros cuatro nobles arrastrados por sus respectivos cabestreros.

Los nobles se bajan de los carros y entran en la sala. Mientras los siervos se quitan sus respectivos cabestros y se ocupan de los carruajes.)

CARLOS DE AURITZ. ¡Epa, qué victoria tan bonita y grandiosoa!

16

Und jetzt nach links abtreten, aber dalli! Hier auch noch den Betrieb aufhalten wollen!"

VORHANG

1. Akt
Ein Edelmann sagt, wie es ist, und ein Geschirrträger hat die Nase voll

Zwanzig Jahre später. Die Bühne ist zweigeteilt; die eine Seite ist eine Halle, die andere besteht aus den Stallungen der Geschirrträger. Beide sind durch eine Tür miteinander verbunden. Eine Stalltür führt hinter die Bühne, von wo laute Stimmen zu hören sind.

Die Stalltür öffnet sich, hinein traben Maximilian von Großburg mit dem vorgespannten Tamino, sowie vier andere Edelleute mit ihren jeweiligen Geschirrträgern.

Sie steigen von ihren Wagen und betreten die Halle, während die Geschirrträger sich die Halfter abnehmen und um die Wagen kümmern.

Karl von Auritz: „Welch wunderbarer, welch großartiger Sieg!"

MAXIMILIANO DE GROSSBURGO. Sí, finalmente. Gero de Altenburgo se ha puesto furioso, porque pesa a su último fichaje no ha podido superar a nuestro experto Tamino. Despúes de aguantar tres años la ignominia le hemos demostrado por fin quién es digno de verdad del título de campeonato.

FEDERICO DE HERRENBERG. Desde luego, esta vez sí que ha calculado mal. Su fanfarronería en el entrenamiento ha tenido consecuencias.

MAXIMILIANO DE GROSSBURGO. Con razón se dice que el orgullo se hincha antes de caer. Imágínese, incluso se había chuleado de mí antes de la carrera.

FEDERICO DE HERRENBERG. ¿Cómo?

MAXIMILIANO DE GROSSBURGO. No pudo retener el comentario de que yo probablemente por motivos meramente económicos no haya podido sustituir todavía a Tamino. Y eso que le consideró demasiado viejo para poder ganar. Pero mi fama de gran parco... No hay nada mejor que un mozo fuertote con una experiencia de muchos años en las carreras.

FEDERICO DE HERRENBERG. (Mo*viendo la cabeza*). Pues sí, esta impertinencia le ha salido bien cara.

ALEJANDRO DE LETHE. Sí, nuestros cabestreros dizque tan económicos no se pagan con oro. (*Ríe*).

CARLOS DE AURITZ. Desde luego. ¡Cuán bonita es la vida cuando todo sale como hoy! (*Rie también*).

Maximilian von Großburg: „Ja, endlich! Gero von Altenburg schäumt vor Wut, weil seine neue Errungenschaft meinem erfahrenen Tamino nicht gewachsen war. Nach drei Jahren der Schmach haben wir ihm endlich gezeigt, wer des Meisterschaftstitels wirklich würdig ist."

Friedrich zu Herrenberg: „Ja, diesmal hat er sich verrechnet. Seine Angeberei beim Training hat sich gerächt."

Maximilian von Großburg: „Hochmut kommt eben doch vor dem Fall. Stellen Sie sich nur vor, er hat sich vor dem Rennen sogar noch über mich lustig gemacht."

Friedrich zu Herrenberg: „Wie dies?"

Maximilian von Großburg: „Er konnte sich nicht die Bemerkung verkneifen, dass ich Tamino wohl aus schlichten Kostengründen noch nicht habe ersetzen lassen. Er sei doch viel zu alt, um siegen zu können. Aber meine Sparsamkeit sei ja weithin bekannt... Dabei geht nichts über einen bärenstarken Kerl mit langjähriger Rennbahnerfahrung!"

Friedrich zu Herrenberg, schüttelt den Kopf: „Tja, diese Unverschämtheit ist ihn teuer zu stehen gekommen."

Alexander von Lethe: „Ja, unsere ach so kostengünstigen Geschirrträger sind Gold wert." *Lacht.*

Karl von Auritz: „Ja, wirklich. Was für ein schönes Leben, wenn es so läuft wie heute!" *Lacht ebenfalls.*

MAXIMILIANO DE GROSSBURGO. Queridos amigos, permitanse, permitámonos esta gran alegría de todo corazón. Pero les pido que antes de comenzar nuestra bien merecida fiesta pongan atención al informe anual. Como bien saben ustedes, este informe hay que entregarlo inmediatamente después de la última carrera.

(Los demás asienten con la cabeza y toman asiento junto a una mesa grande de reuniones. Mientras, en el lado del establo se ve sólo a Tamino descansando en el suelo junto a su jaula, tras una breve introducción, Maximiliano lee el citado informe anual.)

MAXIMILIANO DE GROSSBURGO. Mis apreciados amigos y fieles compañeros de equipo. También hoy hemos conseguido el objetivo que nos habíamos propuesto, la victoria es nuestra. Con ello también hemos batido definitivamente al equipo de Gero de Altenburgo.

Gracias a nuestro material de primera clase no sólo hemos podido cubrir los costes de produción y de mantenimiento de la empresa por un multiplo, hay más: la ganancia de hoy ha sido tan alta que hasta incluye un sustancioso reparto entre todos nosotros.

Como presidente del equipo no les quiero tener en vilo, así que les diré de una vez esta suma sin esperar a la lectura del informe anual: sólo para el día de hoy tocan –sí, creanselo– a 300.000 euros por cabeza.

(Los demás nobles irrumpen en aplausos y manifestaciones de euforia.)

Maximilian von Großburg: „Liebe Freunde, Ihnen, ja uns allen sei die große Freude von Herzen vergönnt. Doch bitte ich Sie, vor unserem wohl verdienten Fest noch dem Jahresbericht Ihre Aufmerksamkeit zu schenken. Sie wissen ja, er muss umgehend nach Abschluss des letzten Rennens eingereicht werden."

Die anderen nicken und nehmen in der Halle an einem großzügigen Besprechungstisch Platz. Während auf der Stallseite nur noch Tamino vor den Boxen auf dem Boden ruht, verliest Maximilian von Großburg den Jahresbericht nach einer kleinen Einleitung.

Maximilian von Großburg: „Werte Freunde, treue Mannschaftskollegen! Auch heute haben wir das geplante Ziel erreicht und den Sieg errungen. Und damit endlich auch die Mannschaft von Gero von Altenburg definitiv bezwungen.

Dank unseres erstklassigen Materials war es uns darüber hinaus nicht nur möglich, die Produktions- und laufenden Betriebskosten um ein vielfaches einzuspielen. Der heutige Gewinn war vielmehr so hoch, dass für jeden Einzelnen von uns riesige Ausschüttungen drin sind.

Als Vorsitzender der Mannschaft will ich Sie nicht auf die Folter spannen und Ihnen die Summe noch vor der Verlesung des Jahresberichts nennen – allein für den heutigen Tag sind es sage und schreibe 300.000 Euro pro Mann."

Applaus und zustimmende Rufe der anderen Edelleute.

MAXIMILIANO DE GROSSBURGO. Brindemos pues por el éxito rotundo de hoy. ¡Felicidades a todos nosotros!

(Hacen un brindis con champán.)

MAXIMILIANO DE GROSSBURGO. Pero veamos ahora con más detalle el informe anual. En caso que hubiera alguna pregunta relativa a los gastos, con mucho gusto estoy a su disposición.

El año pasado las carreras de carruajes nos han aportado una ganancia de 60 millones de euros, un promedio, por tanto, de un millón por carrera. De esta cifra se tuvieron que sufragar la relación global de gastos:

Equipamientos de los conductores: 20.000 euros.
Fabricación de carruajes, mantenimiento y ascesorios: 500.000 euros.
Contribución de equipo para la pista de carreras: 120.000 euros.
Coste total de los entrenadores: 24.000 euros.
Costes de accidentes y entierros: 25.000 euros.
Costes de alojamiento y vestimenta de los cabestreros: 12.000 euros.
Manutención de los cabestreros: 13.800 euros.

Si a la gananica inicial de 60 millones le quitamos los 715.000 euros de gasto total, nos quéda –agárrense– una ganancia limpia de más de 59 millones de euros. Si descontamos ahora el 45% de tasas al estado, resultan algo más de 32 millones. Si, a su vez, apartamos el fondo de reserva para los gastos de explotación del año ac-

Maximilian von Großburg: „Lassen Sie uns also auf unseren großartigen Erfolg anstoßen! Herzlichen Glückwunsch uns allen!"

Stoßen mit Champagner an.

Maximilian von Großburg: „Doch lassen Sie uns nun genauer auf den Jahresbericht der Mannschaft „von Großburg" eingehen. Sollten Sie Fragen zur Kostenaufstellung haben, stehe ich zu Ihrer Verfügung.

Im vergangenen Jahr haben uns die Wagenrennen ca. 60 Mio. Euro eingebracht, im Durchschnitt also 1 Mio. pro Rennen. Hiervon bestritten werden mussten die Gesamtjahresausgaben:

Wagenlenkerausrüstung 20.000 Euro
Wagenherstellung, Instandhaltung + Zubehör 500.000 Euro
Mannschaftsabgabe für die Rennbahn 120.000 Euro
Trainerkosten 24.000 Euro
Verletzungs- und Beerdigungskosten 25.000 Euro
Unterbringungs-/Bekleidungskosten Geschirrträger 12.000 Euro
Verpflegungskosten Geschirrträger 13.800 Euro

Stellen wir nun die Gesamtausgaben von rund 715.000 Euro der Einnahme von 60 Millionen Euro gegenüber – ja, halten Sie sich fest – bleibt uns noch immer ein Gewinn von über 59 Mio.
Nach Abzug der Staatsgebühr von 45% sind es gut 32 Mio. Berücksichtigt man die Rücklage für die Betriebs-

tual, nos corresponden 6,3 millones para cada uno. Supongo que estarán de acuerdo conmigo si digo que el duro esfuerzo realizado nos ha salido realmente rentable.

(Los otros cuatro aplauden al señor De Grossburgo.)

FEDERICO DE HERRENBERG. ¿Cómo se calcula el equipamiento de los conductores?

MAXIMILIANO DE GROSSBURGO. Ese cálculo incluye la valiosísima vestimenta de protección, casco, etc. que se pone a disposición cuatro veces al año. El precio es muy económico. Los 1.000 euros por conjunto son un resultado de las negociaciones realizadas con los nobles en China.

ALEJANDRO DE LETHE. ¿Cómo se ha llegado a estos costes tan elevados para mantener a los cabestreros?

MAXIMILIANO DE GROSSBURGO. Sí, desde luego tiene usted razón. A pesar de las medidas adicionales que hemos adoptado este año, los costes siguen, por desgracia, desproporcionalmente altos.

ALEJANDRO DE LETHE. ¿Medidas adicionales?, ¿Se me ha pasado algo?

CARLOS DE AURITZ. Seguro que se acuerda, el señor de Grossburgo les ha facilitado un jardín con las herramientas necesarias y ellos se han plantado sus propias verduras.

kosten des laufenden Jahres, werden also an die 6,3 Mio. für jeden von uns ausgeschüttet.

Ich nehme an, Sie stimmen mir zu, wenn ich sage: unser harter Einsatz hat sich auch dieses Jahr wirklich gelohnt."

Die vier anderen applaudieren Herrn von Großburg.

Friedrich zu Herrenberg: „Wie errechnet sich die Wagenlenkerausrüstung?"

Maximilian von Großburg: „sie beinhaltet die überaus hochwertige Schutzkleidung, Helm usw. und wird viermal pro Jahr neu gestellt. Der günstige Setpreis von 1.000 Euro konnte mit den Edelleuten in China ausgehandelt werden."

Alexander von Lethe: „Wie kommt es zu den hohen laufenden Kosten der Geschirrträgerhaltung?"

Maximilian von Großburg: „Sie haben Recht, die Kosten sind trotz der diesjährigen Maßnahmen leider immer noch unverhältnismäßig hoch."

Alexander von Lethe: „Maßnahmen? Habe ich etwas verpasst?"

Karl von Auritz: „Sie erinnern sich doch bestimmt: Herr von Großburg hat ihnen einen Garten gestellt und entsprechende Geräte dazu. Sie haben sich ihr eigenes Gemüse angebaut."

FEDERICO DE HERRENBERG. Muy loable, muy loable. Así que el trabajo al aire libre sí fortalece. ¿No le deberemos el éxito rotundo de este año a esta medida?

ALEJANDRO DE LETHE. Pues, quizás deberíamos ampliar el proyecto. Sería bueno que dispongan además de una o dos vacas lecheras, algo de ganado menor…

MAXIMILIANO DE GROSSBURGO. La idea suena muy bien, pero dejémosla para una próxima reunión.

HARRO DE GERMSEE. Según me parece, ¿no ha subido la contribución para la pista de carrera?

MAXIMILIANO DE GROSSBURGO. Tiene usted toda la razón, lamentablemente. Debido a la carencia de materias primas han subido los precios de los materiales de construcción que se necesitan para el mantenimiento continuo de la pista.

CARLOS DE AURITZ. ¿Y cómo está avanzando el desarollo de la técnica de los carruajes?, ¿hay alguna innovación que mejore nuestra seguridad durante las carreras?

MAXIMILIANO DE GROSSBURGO. Hasta el próximo mes no podré darles información sobre el tema, estamos esperando los resultados de la cooperación internacional al respecto. *(Tras un breve silencio).* ¿Hay todavía algún tipo de duda que les inquiete?

(Todos muestran que no.)

Friedrich zu Herrenberg: „Sehr löblich, sehr löblich. Arbeit an frischer Luft stärkt also doch. Wir haben dieser Idee doch wohl nicht den besonderen Erfolg dieses Jahres zu verdanken?"

Alexander von Lethe: „Nun, vielleicht sollte man das Projekt noch etwas ausweiten. Ein oder zwei Kühe für die Milchproduktion zur Verfügung stellen, etwas Kleinvieh…"

Maximilian von Großburg: „Das klingt nach einer guten Idee. Doch lassen Sie sie uns beim nächsten Termin besprechen."

Harro von Germsee: „Mir scheint, die Rennbahnabgabe wurde erhöht?"

Maximilian von Großburg: „Sie haben Recht, leider. Durch eine Rohstoffknappheit hat es eine unvermeidliche Preiserhöhung bei den Baumaterialien gegeben, die für die laufende Instandhaltung benötigt werden."

Karl von Auritz: „Wie sieht es eigentlich mit der Weiterentwicklung der Wagentechnik aus? Gibt es neue Verbesserungen, die die Rennen sicherer machen?"

Maximilian von Großburg: „Darüber kann ich Ihnen erst nächsten Monat berichten. Die Informationen zu den Ergebnissen der internationalen Kooperation diesbezüglich stehen noch aus." *Nach einer Weile der Stille:* „Haben Sie sonst noch Fragen auf dem Herzen?"

Die anderen verneinen.

MAXIMILIANO DE GROSSBURGO. ¿Serían tan amables de dar su conformidad al informe anual y me firman aquí? Así daremos por terminada la parte oficial y nos centramos ya en la celebración del día.

(Todos asienten. Uno tras otro van firmando el documento. Maximiliano de Grossburgo lo recoge después cuidadosamente.)

MAXIMILIANO DE GROSSBURGO. Bien, queridos amigos, ahora están invitados a un apetitoso buffet que se les ha preparado como muestra de agradecimiento y los está esperando en el Castillo. Por favor, vayan ya para allá, yo les sigo de inmediato.

(Los otros cuatro nobles se van.)

MAXIMILIANO DE GROSSBURGO. (*Dirigiéndose al público*). Muy buenas, honorable público, bienvenidos aquí. En primer lugar debo pedir disculpas por este descuido mío, debido a la alegría de la victoria me olvidé totalmente de ustedes. Quizás les extrañe algo lo que oyen y ven aquí, pero permítanme que les explique. Por fin hemos encontrado un sistema social muy satisfactorio en el que se alimenta a los débiles y a los fuertes les va bien en todos los sentidos. Claro, para lograr esto se deben cumplir ciertos supuestos claramente definidos, sobre todo por parte de los fuertes, o sea, de los aristócratas. Por eso les explico ahora a ustedes lo que determina nuestra propia idiosincracia actual.

Los nobles de hoy somos gente distinguida, amable, que sabe mantener siempre las formas. Cortesía en to-

Maximilian von Großburg: „wären Sie dann so freundlich, den Jahresbericht freizugeben und hier zu unterzeichnen, damit wir vom offiziellen Teil zur eigentlichen Feier des Tages übergehen können?"

Die anderen nicken. Einer nach dem anderen unterschreibt das Dokument. Maximilian von Großburg steckt es danach sorgfältig ein.

Maximilian von Großburg: „Nun, liebe Freunde, seien Sie eingeladen zu einem köstlichen Buffet, das Ihnen zum Dank bereitet wurde und in der Burg auf Sie wartet. Bitte gehen Sie voraus, ich folge Ihnen gleich."

Die vier anderen Edelleute ab.

Maximilian von Großburg, wendet sich an das Publikum: „Guten Tag, sehr verehrtes Publikum, seien Sie herzlich gegrüßt! Bitte verzeihen Sie meine Unachtsamkeit - ich hatte Sie in der Freude des Sieges völlig übersehen.

Vielleicht befremdet Sie etwas, was Sie hier sehen und hören. Aber lassen Sie es mich erklären. Endlich haben wir ein zufrieden stellendes System gefunden, bei dem die Schwachen ernährt werden und es den Starken richtig gut geht. Damit dies funktioniert, müssen natürlich klar definierte Voraussetzungen erfüllt sein, vor allem von Seiten der Starken, also der Edelleute. Ich möchte Ihnen deshalb darlegen, was uns ausmacht.

Wir sind distinguiert, höflich, wissen stets die Form zu wahren. Ja, Höflichkeit in jeder Lebenslage, das ist das

das las circunstancias de la vida, esa es la esencia del noble moderno. Además de eso, somos discretos, competentes, dispuestos siempre a la entrega máxima y con conocimientos certificados de acuerdo con la normativa global. Ello nos permite pensar en términos más amplios.

Sin embargo, lo mejor de todo es que los tiempos poco cultivados en que se trataba al populacho como basura han pasado definitivamente. Hoy ya no se grita a nadie, hoy ya nadie se muere de hambre o anda por ahí en arapos. Hoy tratamos a nuestro personal de forma AMISTOSA y AMABLE. ¡Gánense la confianza de sus subordinados! Hagan que ellos se sientan humanamente a la misma altura que ustedes. Eso tiene un efecto milagroso impresionante. El trato amable es la mejor forma de motivar a la gente. Esto es lo fundamental. Esto es lo que caracteriza a una civilización verdaderamente moderna. Observen.

(*Se retira de la sala y se dirige a Tamino, quien a falta de muebles descansa en el suelo*).

Estimado señor Tamino, ¿cuánto tiempo lleva usted ya a mi servicio?

TAMINO. Veinte años, señor De Grossburgo.

MAXIMILIANO DE GROSSBURGO. Veinte años… eso es mucho tiempo. ¿Sabe una cosa? Esto para mí es algo que bien vale cincuenta euros. (*Saca un billete de su bolsillo y se lo arroja a Tamino*). Tenga, al fin y al cabo usted no debe vivir como un perro.

A und O des modernen Edelmannes. Darüber hinaus sind wir diskret, fähig, stets zu großem Einsatz bereit, haben großes, nach GLOBAL-Norm zertifiziertes Wissen. Dies erlaubt uns, in größeren Zusammenhängen zu denken.

Doch das Beste ist: die unkultivierten Zeiten, als man den Pöbel wie Dreck behandelte, sind endgültig vorbei. Heute wird niemand mehr angeschrien, heute hungert niemand mehr oder läuft in stinkenden Lumpen herum. Heute behandelt man sein Personal FREUNDLICH. Schaffen Sie Vertrauen! Erlauben Sie Ihrem Personal, sich menschlich auf gleicher Augenhöhe mit Ihnen zu fühlen. Das wirkt wahre Wunder. Freundlicher Umgang ist die beste Art zu motivieren. Das ist essentiell. Das sind die Kennzeichen wahrhaft moderner Zivilisation! Sehen Sie selbst."

Tritt aus der Halle und wendet sich an Tamino, der mangels Mobiliar am Boden sitzt:

„Lieber Herr Tamino, wie lange sind Sie jetzt schon in meinen Diensten?"

Tamino: „Zwanzig Jahre, Herr von Großburg."

Maximilian von Großburg: „Zwanzig Jahre… das ist eine lange Zeit. Wissen Sie was? Fünfzig Euro ist mir das schon wert." *Nimmt einen Schein aus der Tasche und wirft ihn Tamino hin.* „Hier, nehmen Sie! Sie sollen schließlich auch nicht leben wie ein Hund."

(Maximiliano de Grossburgo se va. Los demás cabest-
reros, que han escuchado la conversación desdes sus
jaulas, se dirigen hacia Tamino.)

STEFAN. ¿Es cierto esto? ¿De verdad te ha dado cincuenta euros por llevar tirando de su carruaje veinte años?

TAMINO. (*Suspirando*). Sí, así es.

PETER. Gente de nuestra condición es el mequetrefe de la nación. Pero ¿por quién se creerán estos?

TAMINO. Eso ya lo hemos discutido mil veces. Como cabestreros no tenemos nada que decir. Punto. Cabrearse por eso no sirve de nada.

STEFAN. Yo sí me cabreo. A nosotros simplemente se nos va desgastando, solamente para que los distinguidos señores vivan en castillos y hagan sus fiestas.

LUTZ. Sí, y el día que nuestra salud se resienta y no podamos participar ya en las carreras, recibiremos el pan de su caridad.

JOSEF. Sí, pero eso sólo si a partir de ese día rendimos al máximo en las tareas de producción, mantenimeinto y reparación.

PETER. Pero, ¿de qué te quejas? Si es todo por el bien del pueblo.

Maximilian von Großburg ab. Die anderen Geschirr-
träger haben in ihren Boxen das Gespräch gehört und
gehen zu Tamino.

Stefan: „Ist das wirklich wahr? Er hat dir fünfzig Euro
dafür gegeben, dass du zwanzig Jahre für ihn den Kar-
ren ziehst?"

Tamino, seufzt: „Ja, so ist es."

Peter: „Unsereins ist der Volltrottel der Nation. Für
wen halten die sich eigentlich?"

Tamino: „Das haben wir schon tausendmal diskutiert.
Als Geschirrträger gibt es nichts zu sagen, fertig. Es
bringt nichts, sich darüber aufzuregen."

Stefan: „Ich rege mich aber darüber auf. Wir werden
hier einfach nur verheizt dafür, dass die gnädigen Herren in Schlössern wohnen und feiern können."

Lutz: „ja, wenn darüber irgendwann unsere Gesundheit
hinüber ist, und wir keine Rennen mehr laufen können,
dann bekommen wir das Gnadenbrot…"

Josef: „…aber nur, solange wir dafür in Produktion, Instandhaltung und Reparaturaufträgen vollen Einsatz
leisten."

Peter: „Ist doch zum Wohl des Volkes, was beschwerst
du dich."

TAMINO. (*Se levanta con decisión*). A mí me trae sin cuidado esa forma de bienestar del pueblo. Ya estoy hasta las narices de todo esto.

PETER. (*Riendo*). Bueno, ¿y que piensa hacer su señoría?

TAMINO. Me voy a convertir en noble yo también. De esta forma tendré más posibilidades de hacer algo por los demás.

STEFAN. Hay relatos sobre el tema que aseguran que es peligroso.

TAMINO. ¿Es acaso menos peligroso seguir así como estamos? En cada temporada mueren amigos nuestros, bien sea en accidentes de carrera o por que enferman gravemente debido a las pésimas condiciones de albergue.

LUTZ. Tienes razón, pero, ¿no te da miedo?

TAMINO. ¡Y eso qué importa ya! No estoy dispuesto ya a sufrir todo esto con los brazos cruzados. Ahora sí que basta. Vale más morir de pie que vivir de rodillas.

STEFAN. Hombre, eso no lo dirás en serio, ¿verdad?

TAMINO. (*Abrazando a sus amigos, quienes a su vez también se levantan*). Sí, más serio que la muerte. Lo hago para luchar por el bien de todos nosotros. Adiós, mis queridos hermanos.

Tamino, entschlossen, steht auf: „Ich pfeife auf diese Art von Wohl des Volkes. Ich habe die Nase voll von alledem."

Peter, lacht: „Ah, und was gedenken der gnädige Herr zu tun?"

Tamino: „Ich werde selber ein Edelmann. Da muss es doch mehr Möglichkeiten geben, sich für andere Umstände einzusetzen."

Stefan: „Es gibt Geschichten, dass es gefährlich ist…"

Tamino: „Ist es weniger gefährlich, weiter hier zu bleiben? Jede Saison sterben unsere Freunde bei Rennunfällen oder weil sie wegen der schlechten Unterbringung schwer krank geworden sind."

Lutz: „Da hast du Recht. Aber macht es Dir keine Angst?"

Tamino: „Was für eine Rolle spielt das schon! Ich will nicht länger tatenlos all dies über mich ergehen lassen. Das Maß ist voll. Also… Und falls ich dabei ums Leben komme, sterbe ich wenigstens im Wissen, mein Bestes versucht zu haben."

Stefan: „Mann, du meinst das doch wohl nicht ernst?"

Tamino, umarmt seine Freunde, die sich ebenfalls erheben: „Doch, todernst. Ich tue es, um für uns alle zu kämpfen. Adieu, liebe Brüder."

LOS DEMÁS. (*Saludando con gestos a Tamino que sale por la puerta del establo*). Adiós Tamino, ¡que tengas mucha suerte!

LUTZ. ¿Y nosotros?, ¿no podríamos tambien convertirnos en aristócratas?

PETER. Teóricamente sí, entretanto cumplimos todos los requisitos legales. Pero no sé si nosotros valdríamos para eso.

STEFAN. Yo desde luego que no. ¿Podéis imaginaros a mí de buen pijo? (*Rie estruendosamente. Los otros se contagian con las carcajadas*).

JOSEF. Yo tampoco soy tan aventurero como Tamino. Aquí al menos sé lo que tengo y punto.

LUTZ. De acuerdo contigo. No hay que desafiar al destino, que puede salir el tiro por la culata.

(*Los otros asienten con la cabeza.*)

JOSEF. Esperemos que a Tamino le vaya bien…

PETER. Ójala. Él nos ha ayudado tanto cuando estábamos afligidos y el destino nos apretaba, sobre todo en los primeros tiempos.

LUTZ. Desde luego, así fue. Si hay alguien que lo pueda conseguir, ese es él.

Die anderen winken Tamino hinterher, der den Stall durch die Stalltür verlässt. „Adieu, Tamino und viel Glück!"

Lutz: „Und wir? Könnten wir nicht auch Edelleute werden?"

Peter: „Theoretisch schon, mittlerweile erfüllen wir alle die gesetzlichen Vorgaben dafür. Aber ob wir dafür geeignet wären…"

Stefan: „Also ich nicht. Stellt Euch mich als edlen Schnösel vor!" *lacht lauthals heraus. Die anderen stimmen in das Gelächter mit ein.*

Josef: „Auch ich bin nicht so ein Abenteurer wie Tamino. Hier weiß ich wenigstens, was ich habe, und fertig."

Lutz: „Ja, das Schicksal soll man nicht herausfordern. Es könnte einem sonst übel mitspielen!"

Die anderen nicken.

Josef: „Hoffen wir, es möge Tamino gut ergehen…"

Peter: „Ja, hoffen wir es. Er hat uns so oft geholfen, wenn uns schwer ums Herz gewesen ist und wir mit unserem Los gehadert haben, gerade in der Anfangszeit."

Lutz: „Ja, so ist es. Wenn einer es schaffen kann, dann er."

LOS DEMÁS. (*Coincidiendo con Lutz*). Por supuesto.
¡Viva Tamino! ¡Que le vaya bien! ¡Mucha suerte, Tamino!

TELÓN

SEGUNDO ACTO
Paso a la nobleza

(*La sala del Registro como en el preludio*)

FUNCIONARIO. ¡El siguiente!

(*Se adelanta Tamino.*)

FUNCIONARIO. ¿Qué desea?

TAMINO. Vengo a hacer la inscripción para convertirme en noble

FUNCIONARIO. ¿Cuántos años lleva usted ya trabajando con el cabestro?

TAMINO. Veinte. Tenga, éstos son mis documentos.

FUNCIONARIO. ¿Y pese a la edad que ya tiene quiere usted intentarlo? Bueno, démelos. (*El funcionario relee los documentos, rellena después un formulario, le pone un sello y se lo entrega a Tamino*). Tenga, aquí tiene la

Die anderen stimmen ein: „Ja, hoch soll Tamino leben! Gut soll es ihm ergehen! Viel Glück, Tamino!"

VORHANG

2. Akt
Auf zur Veredelung!

Registrierungshalle wie im Vorspann.

Funktionär: „Nächster!"

Tamino tritt vor.

Funktionär: „Was ist Ihr Anliegen?"

Tamino: „Ich möchte mich zur Veredelung anmelden."
Funktionär: „Wie viele Jahre arbeiten Sie schon am Geschirr?"

Tamino: „Zwanzig – hier sind meine Dokumente."

Funktionär: „In solch fortgeschrittenem Alter wollen Sie das noch wagen? Na, dann geben Sie mal her."

Funktionär studiert die Unterlagen, füllt dann ein Formular aus, stempelt es und gibt es an Tamino: „Bitte, hier ist Ihre Veredelungsbewilligung. Melden Sie sich

autorización para hacerse noble. Diríjase ahora al Centro de Producción de Nobles en la capital. Todo lo demás se lo explicarán allí.

TAMINO. Gracias, señor. Adiós.

FUNCIONARIO. Adiós.

(Tamino se va.)

FUNCIONARIO. ¡El siguiente!

PAPAGENO. ¡Hola! ¡Buenos días!

FUNCIONARIO. ¿En qué puedo servirle, joven señor?

PAPAGENO. Mi cuadra se ha cerrado y…

FUNCIONARIO. Ya, usted necesita ser asignado a otro lugar.

PAPAGENO. Sí, bueno no, es que…

FUNCIONARIO. Vamos, ¿sí o no?, ¿en qué quedamos?

PAPAGENO. Es que me han dicho que llevando cierto tiempo de servicio uno, si quiere, puede hacerse noble.

FUNCIONARIO. ¿Y eso es pues lo que quiere?

PAPAGENO. Bueno, yo lo que quiero en principio es saber algo más de eso.

bei der staatlichen Edelmannproduktionsstätte in der Hauptstadt, dort wird man Ihnen alles Weitere erklären."

Tamino: „Danke. Auf Wiedersehen."

Funktionär: „Auf Wiedersehen."

Tamino ab.

Funktionär: „Der Nächste!"

Papageno: „Guten Tag."

Funktionär: „Womit kann ich dienen, junger Mann?"

Papageno: „Mein Rennstall wurde geschlossen…"

Funktionär: „Sie benötigen eine neue Zuordnung."

Papageno: „Ja, nein, also…"

Funktionär: „Ja, was denn nun!"

Papageno: „Nun, ich habe gehört, man kann sich ab einer bestimmten Dienstzeit veredeln lassen."

Funktionär: „Und das wollen Sie wohl?"

Papageno: „Nun, ich möchte gerne mehr darüber erfahren."

FUNCIONARIO. ¿Necesita pues usted un permiso para viajar a la capital y obtener allí una cita de asesoramiento en el Centro de Producción de Nobles?

PAPAGENO. ¡Eso es justo lo que quiero! ¿Pero es posible?

FUNCIONARIO. Sí. Dado que actualmente no está asignado a nadie, el viaje no causa período de inactividad. Así pues, no habrá problema. (*El funcionario rellena otro formulario, le pone el sello, lo firma y se lo da a Papageno*). Aquí tiene el documento. Dispone usted de dos semanas de tiempo, después de las cuales deberá volverse a presentar por aquí.

PAPAGENO. De acuerdo, así lo haré. Gracias y hasta la vista.

FUNCIONARIO. Adiós.

(Papageno se va.)

TELÓN

Funktionär: „Sie brauchen also eine Reisebewilligung in die Hauptstadt, um dort einen Beratungstermin in der Edelmannproduktionsstätte zu bekommen."

Papageno: „Genau! Wäre das möglich?"

Funktionär: „Ja, da Sie momentan nirgends zugeteilt sind, kommt es dadurch nicht zu Ausfallzeiten. Also kein Problem." *füllt ein anderes Formular aus, stempelt und unterschreibt es und reicht es an Papageno:* „Hier haben Sie das Dokument. Sie haben zwei Wochen Zeit, danach müssen Sie sich hier wieder melden."

Papageno: „Gut, das werde ich tun. Danke und auf Wiedersehen."

Funktionär: „Auf Wiedersehen."

Papageno ab.

VORHANG

ACTO TERCERO
La normativa GLOBAL impera

(El escenario aparece dividido en dos partes separadas por una pared. La parte pequeña es una oficina, la parte grande es el Centro de Producción. Ambos departamentos se comunican entre sí por una puerta. En el Centro hay cartones vacíos de diferentes tamaños.

Una asesora está sentada en su escritorio. Papageno entra en la oficina.)

PAPAGENO. Buenos días, mi nombre es Papageno y tengo una cita de asesoramiento.

ASESORA. Ah, usted es el señor Papageno. Qué bien que haya venido, ya le estaba esperando. Bien, así que usted se interesa por el Centro de Producción de Nobles…

PAPAGENO. Sí, llevo ya mucho tiempo activo con el cabestro y alguien me ha dicho que tras un cierto número de años uno quizás tiene la posibilidad de meterse por el ennoblecimiento.

ASESORA. Así es. ¿Cuántos años lleva usted como cabestrero?

PAPAGENO. Seis años.

ASESORA. Perfecto, esto ya suena muy bien.

PAPAGENO. ¿Seis años son suficientes?

3. Akt
Alles nach GLOBAL-Norm

*Bühne ist in zwei durch eine Wand voneinander ge-
trennte Räume geteilt. Der kleinere ist ein Büro, der
große die Produktionsstätte. Beide sind durch eine Tür
miteinander verbunden. In der Produktion leere Kar-
tons verschiedener Größen.*

*Beraterin sitzt an Schreibtisch. Papageno betritt das
Büro.*

Papageno: „Guten Tag, mein Name ist Papageno, ich
habe einen Beratungstermin.“

Beraterin: „Ah, Herr Papageno, Sie sind es. Schön dass
Sie da sind. Ich habe Sie schon erwartet. Sie interessieren sich also für die Edelmann-Produktionsstätte?“

Papageno: „Ja, ich bin jetzt schon lange am Geschirr
tätig und man hat mir gesagt, nach einer gewissen An-
zahl von Jahren bestehe vielleicht die Möglichkeit, in
die Veredelung zu gehen…“

Beraterin: „Ja, so ist es. Wie viele Jahre sind Sie schon
Geschirrträger?“

Papageno: „Sechs Jahre.“

Beraterin: „Perfekt, das klingt doch schon mal gut.“

Papageno: „Wäre das ausreichend?“

ASESORA. Sí, a condición de que los pueda documentar.

PAPAGENO. Todo lo tengo aquí conmigo.

ASESORA. Estupendo, ahora mismo tomo todos sus datos para hacer la solicitud. (*Escribe*).

ASESORA. Antes de tomar la decisión, ¿desea conocer el Centro de Producción?

PAPAGENO. ¿Es posible hacerlo?

ASESORA. Por supuesto, usted debe estar al corriente de lo que tiene por delante.

(La asesora le abre la puerta a Papageno.)

ASESORA. Pase usted, por favor, señor Papageno.

PAPAGENO. Gracias.

ASESORA. Vea, nuestro Centro es muy moderno y desde hace mucho tiempo está certificado según la normativa GLOBAL. Esto es, a cada cual se le hace noble según parámetros establecidos, es la forma segura de obtener una calidad homogénea. Obsérve usted mismo cómo se realiza la producción. – ¡Buenos días, señor Grandes!, ¿qué tal le va hoy?

(Se oye una voz ahogada proveniente de un cartón grande en un charco rojo) Gracias, hasta el momento estoy satisfecho.

Beraterin: „Ja, wenn Sie es dokumentieren können, dann passt es."

Papageno: „Ich habe alles mit dabei."

Beraterin: „Wunderbar, dann nehme ich alle Ihre Angaben für den Antrag auf." *schreibt*

Beraterin: „Möchten Sie die Produktionsstätte gerne einmal besichtigen, bevor Sie sich entscheiden?"

Papageno: „Geht das denn?"

Beraterin: „Aber natürlich. Sie sollen ja wissen, was Sie erwartet."

Beraterin hält Tamino die Tür zur Produktion auf:

Beraterin: „Bitte, Herr Papageno, nach Ihnen."

Papageno: „Danke."

Beraterin: „Sehen Sie, unsere Produktion ist sehr modern. Wir sind seit langem zertifiziert nach GLOBAL-Norm.

Jeder wird nach feststehenden Mustern veredelt. So ist einheitliche Qualität gesichert. Hier können Sie sogar bei der Produktion zusehen.

Guten Tag, Herr Großborn, wie geht es Ihnen heute?" *dumpfe Stimme aus großem Karton in einer roten Lache:* „Danke, ich bin soweit zufrieden."

ASESORA. Ya ve, aquí a los candidatos se les ajusta exactamente al modelo normatizado. Disponemos de varios tamaños. (*La asesora levanta alguno que otro cartón vacío*). Lo que está de más se recorta con precisión técnica, lo que falta se disimula o se rellena.

PAPAGENO. Oh, ¿eso aquí no será acaso sangre?

ASESORA. No se preocupe por ello. En casos excepcionales se sangra algo, pero disponemos del mejor equipamiento quirúrgico que nos permite aplicar las técnicas más modernas. También las atenciones que hacemos en el posoperatorio son impecables.

PAPAGENO. ¿Cómo? Quiere decir que lo que no quepa en el molde, simplemente se corta, ¿cierto?

ASESORA. Así es, ¿cómo podríamos adaptarlo si no? Necesitamos estar seguros de que nuestros aristócratas cumplen los requisitos como tales. Y esto sólo se consigue mediante un proceso productivo perfecto.

PAPAGENO. Bueno, pues no sé yo si…

ASESORA. ¿Quiere usted hacerse noble o no?

PAPAGENO. Es que… no sabía que el proceso era tan bruto.

ASESORA. ¿Pero qué dice usted? Estos aquí se ganan el látigo a pulso. Al margen de esto, la decisión es irreversible: después ya no suelen servir cabalmente para trabajar de forma eficiente con el cabestro.

Beraterin: „Ja, sehen Sie, hier werden die Kandidaten perfekt in die genormten Modelle eingepasst. Es gibt sogar verschiedene Größen" *hebt den einen oder anderen leeren Karton hoch.* „Was zu viel ist, wird fachmännisch gekürzt, fehlendes wird kaschiert oder aufgefüllt."

Papageno: „Oh, das da ist doch nicht etwa Blut?"

Beraterin: „Keine Sorge, in Ausnahmefällen blutet es manchmal etwas, aber wir sind chirurgisch bestens ausgerüstet und arbeiten nach modernster Technik. Auch die Nachsorge ist perfekt."

Papageno: „Verstehe ich das richtig, wenn etwas nicht richtig in die Form passt, wird es einfach weg geschnitten?"

Beraterin: „Ja, wie sollen wir das denn sonst lösen? Wir brauchen doch Edelleute, auf deren Funktionieren man sich verlassen kann! Nur absolut perfekte Produktion kann dies gewährleisten."

Papageno: „Also, ich weiß nicht…"

Beraterin: „Wollen Sie jetzt Edelmann werden oder nicht?"

Papageno: „Dass es dabei so brutal zugeht, wusste ich nicht."

Beraterin: „Ja, was denken Sie denn? Die haben sich die Peitsche redlich verdient. Abgesehen davon ist die

PAPAGENO. ¿Sabe una cosa? Me lo voy a pensar de nuevo, después me pondré en contacto otra vez con usted.

(Ambos regresan a la oficina, Papageno se va.)

TELÓN

ACTO CUARTO
Un funcionario gentil
renuncia a una denuncia

(Cinco años más tarde. Tamino hace cola otra vez ante el ya canoso funcionario.)

FUNCIONARIO. ¡El siguiente!

(Entra Tamino.)

FUNCIONARIO. ¿Es usted noble?

TAMINO. (*Le muestra el documento*). Sí, he venido para hacer un cambio en el registro.

FUNCIONARIO. Dígame su nombre y su edad.

TAMINO. Tamino, cuarenta y tres años.

Entscheidung unumkehrbar - zur Arbeit am Geschirr taugen sie hinterher nicht mehr so recht."

Papageno: „Wissen Sie was? Ich werde die Sache nochmals überdenken und mich dann bei Ihnen melden."

Beide kehren ins Büro zurück, Papageno ab.

VORHANG

4. Akt
Ein freundlicher Funktionär verzichtet auf eine Anzeige

Fünf Jahre später. Tamino steht wieder in der Schlange vor dem mittlerweile stark ergrauten Funktionär.

Funktionär: „Der Nächste!"

Tamino tritt vor.

Funktionär: „Edelmann?"

Tamino, zeigt das Dokument vor: „Ja, ich bin hier, um mich umregistrieren zu lassen."

Funktionär: „Name, Alter?"

Tamino: „Tamino, dreiundvierzig."

FUNCIONARIO. Usted dice que quiere cambiar su registro, ¿cuándo se inscribió como cabestrero?

TAMINO. Hace veinticinco años, en mayo.

FUNCIONARIO. (*Saca un tomo grueso de una estantería y ojea en él*). Veamos, aquí ya vamos llegando al asunto. Abril, mayo ... sí, aquí está la entrada: Tamino, 18 años. Bien, ¿trae usted su cabestro consigo?

TAMINO. ¿Mi cabestro?

FUNCIONARIO. Sí, claro. Debe entregarlo aquí antes de poder recibir la insignia de su nuevo estatus.

TAMINO. (*Saca el cabestro de una bolsa y se lo da al funcionario*). Oh... sí, aquí está. Pero, ¿a qué se refiere usted con eso de „insignia"?

(*El funcionario coge el cabestro y toma de la cesta un látigo para Tamino.*)

FUNCIONARIO: Pues... ¿Qué cree usted? - un látigo.

TAMINO. (*Retrocede algo asustado*). ¿Un látigo?, ¿Hay que que tomarlo obligatoriamente?

(*El funcionario arruga el ceño en actitud meditativa, se retira del atril llevando a Tamino discretamente hacia un lado.*)

FUNCIONARIO. Permítame que le de un consejo de amigo, estimado señor Tamino. Deje sus grillos políti-

Funktionär: „Sie sagen, Sie wollen sich umregistrieren lassen. Wann war Ihre Einschreibung als Geschirrträger?"

Tamino: „Vor fünfundzwanzig Jahren, im Mai."

Funktionär, zieht einen dicken Band aus einem Regal und blättert ihn durch: „Ah, da kommen wir der Sache schon näher. April, Mai… hier haben wir den Eintrag. Tamino, 18 Jahre alt. Gut. Haben Sie Ihr Geschirr dabei?"

Tamino: „Mein Geschirr?"

Funktionär: „Ja, das müssen Sie zurückgeben, bevor Sie die Insignie Ihres neuen Status in Empfang nehmen können."

Tamino, zieht das Geschirr aus einer Tasche und überreicht es dem Funktionär: „Oh… ja, hier ist es. Aber was meinen Sie mit Insignie…"

Funktionär, nimmt das Geschirr entgegen und zieht für Tamino eine Peitsche aus dem Korb: „Na, was wohl – die Peitsche!"

Tamino, weicht erschrocken etwas zurück: „Die Peitsche? Muss das sein?"

Funktionär, runzelt die Stirn, hält inne, tritt vom Pult zurück und zieht Tamino diskret zur Seite: „Lassen Sie mich Ihnen einen gütlichen Vorschlag unterbreiten, lieber Herr Tamino. Sie schlagen sich Ihre politischen

cos a un lado y coja este látigo. Y yo por mi parte, me olvido de lo que acaba de suceder.

(Tras breves momentos de reflexión, Tamino extiende la mano para coger el látigo.)

TAMINO. Sí, tiene razón. Usted es muy atento conmigo. Gracias por su consejo. Lo tomaré en serio.

(El funcionario vuelve de neuvo al atril y hace allí un registro.)

FUNCIONARIO. Bien, ya está usted registrado oficialmente como noble. Sea inteligente y disfrute de esta nueva vida en la que se le van a abrir todas las puertas.

TAMINO. Por supuesto que lo haré. Gracias.

FUNCIONARIO. ¿Le gustaría ir destinado a su antigua cuadra? Ahora mismo tiene una plaza libre.
TAMINO. Claro que sí, ¿pero es eso posible?

FUNCIONARIO. Naturalmente que sí. Al fin y al cabo, a usted le han preparado para ello.

TAMINO. De acuerdo, así que voy entonces a mi antigua cuadra.

(El funcionario escribe algo en un documento y se lo entrega a Tamino.)

FUNCIONARIO. Aquí tiene la confirmación del destino que se le ha asignado.

Flausen aus dem Kopf, nehmen die Peitsche, und ich vergesse, was hier gerade geschehen ist."

Tamino, hält ebenfalls einen Moment inne, streckt dann die Hand nach der Peitsche aus: „Ja, Sie haben Recht. Sie sind überaus freundlich. Danke für Ihren Rat. Ich werde ihn beherzigen."

Funktionär, tritt wieder ans Pult und macht dort eine Eintragung: „So, nun sind Sie offiziell als Edelmann registriert. Seien Sie klug und genießen Sie das neue Leben, für das Ihnen nun alle Türen offen stehen!"

Tamino: „Ja, das werde ich tun. Danke."

Funktionär: „Wäre Ihnen Ihr ehemaliger Rennstall genehm? Es ist ein Platz frei geworden."

Tamino: „Ja, ist das denn möglich?"

Funktionär: „Natürlich. Schließlich hat man Sie auf solches vorbereitet!"

Tamino: „In Ordnung, dann gehe ich zu meinem ehemaligen Rennstall."

Funktionär, schreibt und überreicht Tamino ein Dokument: „Hier ist Ihre Zuordnungsbestätigung."

TAMINO. Gracias y adiós.

(Tamino se va).

FUNCIONARIO. Adiós, joven amigo. (*Dirigiéndose al público*). Ay, ay... otra vez uno que quiere reformar el mundo. Él ha pensado que no me doy cuenta, son incorregibles. Este ni sospecha lo que le espera. Lástima de esta gente tan habilidosa y valiente que tras muchos años de duro servicio todavía quieren hacer carrera como nobles. La mayoría de ellos están locos por llevar definitivamente el látigo, pero algunos ... Pero, ¿qué diablos estoy diciendo? No, no, mejor me callo, que me juego el cuello. Por favor, olviden ustedes mis palabras.

TELÓN

Tamino: „Danke und Adieu.“

Tamino ab.

Funktionär: „ Adieu, junger Freund.“ *Zum Publikum gewandt:* „ Oh weh, wieder einmal ein Weltverbesserer. Er hat gemeint, ich merke es nicht, aber sie sind unbelehrbar. Er ahnt nicht, was ihn erwartet. Schade um diese tüchtigen mutigen Leute, die nach langjährigem hartem Dienst noch die Laufbahn zum Edelmann einschlagen… Die meisten von ihnen sind ganz wild darauf, endlich selbst die Peitsche zu führen, aber manche… Aber was tue ich bloß, ich rede mich um Kopf und Kragen. Vergessen Sie meine Worte, bitte!“

VORHANG

QUINTO ACTO
El antiguo sistema acreditado de informes siempre resulta actual

(En la cuadra. Lutz está con una rodilla vendada tumbado en la paja. Por fuera se oyen pasos, se abre la puerta y entra en el establo un funcionario.)

FUNCIONARIO. ¡Muy buenas, señor Lutz!

LUTZ. (*Se incorpora*). ¡Muy buenas, señor, ¿en qué puedo servirle?

FUNCIONARIO (*Se sienta en una silla delante de Lutz*). Quieto, señor Lutz, quédese tumbado. Estoy al corriente de su lesión. Como sus compañeros y sus superiores están ahora en la carrera, aprovecho ahora la oportunidad de que está usted sólo.

LUTZ. ¿Que estoy sólo?

FUNCIONARIO. Bueno, usted bien sabe que hay ciertas leyes en nuestro país que…

LUTZ. ¿Cómo?

FUNCIONARIO. Yo en modo alguno debería estar aquí, pero…

LUTZ. ¿Por favor, no quisiera decirme de una vez que es lo que desea?

5. Akt
Alt bewährtes Berichtswesen
bleibt immer modern

Im Rennstall. Lutz liegt mit verbundenem Bein auf Stroh gebettet. Draußen hört man Schritte, die Stalltür öffnet sich. Ein Funktionär betritt den Stall.

Funktionär: „Guten Tag, Herr Lutz!"

Lutz, richtet sich auf: „Guten Tag, mein Herr. Was kann ich für Sie tun?"

Funktionär, setzt sich auf einen Stuhl vor Lutz hin: „Nur ruhig, Herr Lutz, bleiben Sie liegen. Ich weiß über Ihre Verletzung Bescheid. Nun, Ihre Kollegen und Vorgesetzten sind beim Rennen und ich nutze die günstige Gelegenheit, dass Sie gerade alleine sind."

Lutz: „Dass ich alleine bin?"

Funktionär: „Ja, Sie wissen ja, es gibt gewisse Gesetze in unserem Land…"

Lutz: „Ja…?"

Funktionär: „Ich darf eigentlich gar nicht hier sein."

Lutz: „Bitte, mögen Sie mir nicht einfach sagen, was Ihr Anliegen ist?"

FUNCIONARIO. Bueno, pues… Usted ya sabe que hace muchos años su tío…

LUTZ. (*Contundente*). ¿Mi tío? ¡Pero si yo no tengo tío alguno!

FUNCIONARIO. Sí, vea usted, exactamente de eso se trata. Su tío es un preso político de "antes" y no anda bien de salud.

LUTZ. ¡Está prohibido hablar de presos políticos!

FUNCIONARIO. Precisamente por eso me encuentro en esta situación tan complicada. Un buen amigo mío me ha pedido que…

LUTZ. ¡Abandone ahora mismo este establo! ¿O es que quiere meternos en mil apuros?

FUNCIONARIO. Lamentablemente, eso no es posible, señor Lutz. He prometido que iba a ayudar, y el citado amigo es mi jefe. Este asunto es para él de una importancia absoluta. De no ayudarle, yo mismo me metería en un callejón sin salida.

LUTZ. Lo entiendo, pero, ¿qué diablos tengo yo que ver con todo eso?

FUNCIONARIO. Existen normas que permiten "bajo ciertas condiciones" suavizar ciertas condiciones penitenciarias de los presos.

LUTZ. ¿Bajo ciertas condiciones?

Funktionär: „Ja, äh… Sie wissen doch, man hat vor vielen Jahren Ihren Onkel…"

Lutz, heftig: „Meinen Onkel? Ich habe keinen Onkel!"

Funktionär: „Ja, sehen Sie, genau darum geht es. Ihr Onkel ist politischer Althäftling. Es geht ihm gesundheitlich nicht gut…"

Lutz: „Es ist verboten, über politische Häftlinge zu sprechen!"

Funktionär: „Deshalb bin ich ja in dieser verzwickten Lage. Ein guter Freund hat mich gebeten…"

Lutz: „Bitte verlassen Sie den Stall, sofort. Sie bringen uns beide in Teufels Küche!"

Funktionär: „Das geht leider nicht, Herr Lutz. Ich habe versprochen zu helfen… und der besagte Freund ist mein Vorgesetzter! Die Sache ist ihm über die Maßen wichtig. Helfe ich ihm nicht, sitze ich in der Klemme."

Lutz: „Ich verstehe. Aber was habe ich mit alledem zu tun?"

Funktionär: „Es gibt diverse Vorschriften, die unter bestimmten Bedingungen gewisse Hafterleichterungen ermöglichen."

Lutz: „unter bestimmten Bedingungen?"

FUNCIONARIO. Sí, en el caso de que los presos tengan parientes fuera, éstos pueden mejorar las condiciones carcelarias de su familiar mediante "servicios especiales" para el pueblo.

LUTZ. Ya lo he dicho, no tengo tío alguno, usted se ha equivocado de sitio.

FUNCIONARIO. Usted sólo tendría que mantener los ojos y los oidos abiertos y elaborarme semanalmente un informe de todo lo que vea y oiga.

LUTZ. ¿Quiere decir con esto que en nuestro establo hay motivos para hacer esa clase de seguimientos?

FUNCIONARIO. No me consta hablar de esto. Yo sólo hago lo que me mandan y eso es todo, de ahí no me salgo.

LUTZ. ¿Durante cuánto tiempo tiene uno que hacer un servicio así?

FUNCIONARIO. Es una tarea de por vida.

LUTZ. ¿Y qué pasa si uno rechaza la oferta?

FUNCIONARIO. Pues se metería en una situación dificil. Por un lado, dejaría a su pariente abandonado a su propia suerte, y por otro lado demostraría también su poca lealtad al Estado.

LUTZ. Sea cual sea la decisión que uno tome, siempre puede ser usada en su contra. Si uno acepta, está violan-

Funktionär: „Nun, im Falle, dass noch Familienangehörige existieren, können diese durch besondere Verdienste für das Volk die Haftbedingungen für ihre Verwandten verbessern."

Lutz: „Wie gesagt, ich habe keinen Onkel. Sie sind hier falsch."

Funktionär: „Sie bräuchten nur ein wenig die Augen und Ohren offen zu halten… und mir wöchentlich darüber einen Bericht abzufassen."

Lutz: „Sie sind der Meinung, in unserem Stall gäbe es einen Grund für solche Beobachtungen?"

Funktionär: „Es steht mir nicht zu, darüber zu reden, Herr Lutz. Ich tue nur, was man mir anordnet, sonst nichts."

Lutz: „Wie lange muss jemand solch einen Dienst leisten?"

Funktionär: „Es ist ein Posten auf Lebenszeit."

Lutz: „Und wenn jemand ablehnt?"

Funktionär: „Damit begibt er sich in eine schwierige Lage. Zum einen wird sein Angehöriger seinem Schicksal überlassen. Zum anderen zeigt er damit, dass er dem Staat gegenüber nicht loyal ist."

Lutz: „Was immer man also tut, es kann gegen einen verwendet werden. Stimmt man zu, bricht man das Ge

do la ley, que estipula renegar de los familiares presos de tiempos antiguos. Si uno no acepta, no está colaborando lo suficiente con las leyes de integridad política.

FUNCIONARIO. Sí, señor Lutz. Su forma de ver las cosas es correcta en un cien por cien.

LUTZ. Antes de tomar una decisión, ¿tienen los afectados tiempo para pensárlo?

FUNCIONARIO. Una semana, señor Lutz. Se tiene una semana.

LUTZ. En cuanto a la entrega de los informes, ¿cómo se suele realizar? Supongo que en forma discreta para que los compañeros no se den cuenta.

FUNCIONARIO. Ah, eso no es ningún problema. En todas las cuadras hay al lado de los bebederos un buzón viejo que hoy ya están fuera de uso. La llave para abrir ese buzón sólo la tienen los encargados de recoger los informes y éstos sólo vienen los días de carrera. De esta forma nadie se entera de nada.

LUTZ. ¡Atención, señor!, creo que los demás ya están a punto de llegar. Será mejor que nadie le vea.

FUNCIONARIO (*Se levanta*). Sí, tiene usted toda razón, señor Lutz. Es usted muy prudente.

LUTZ. Pues venga, adiós, señor.

setz, das vorschreibt, angehörige Althäftlinge zu leugnen. Stimmt man nicht zu, kooperiert man nicht ausreichend mit dem Gesetz für politische Integrität."

Funktionär: „Sie sehen das völlig richtig, Herr Lutz."

Lutz: „Haben Betroffene eine Bedenkfrist?"

Funktionär: „Eine Woche, Herr Lutz. Man hat eine Woche."

Lutz: „Und wie geschieht üblicherweise die Übergabe von Berichten? Sie sollte ja wohl diskret erfolgen, damit die Kollegen nichts merken."

Funktionär: „Ach, das ist kein Problem. An jedem Rennstall gibt es neben der Tränke einen alten Briefkasten, der heute nicht mehr benutzt wird. Nur die Boten, die die Berichte abholen, haben den Schlüssel dafür. Sie kommen an Tagen, an denen Rennen stattfinden. So merkt niemand etwas."

Lutz: „Ich glaube, die anderen kommen bald zurück, mein Herr. Ich nehme an, es wäre gut, wenn niemand Sie sehen würde."
Funktionär, steht auf: „Sie haben völlig Recht, Herr Lutz, Sie sind sehr umsichtig."

Lutz: „Nun, dann Adieu, mein Herr."

FUNCIONARIO. Adiós, señor Lutz, le deseo una pronta y feliz recuperación.

(El funcionario se va.)

TELÓN

SEXTO ACTO
El regreso de un amigo

(En la antigua cuadra de carreras de Tamino. Papageno está limpiando y aseando cabestros. Tamino entra en el escenario por la puerta de la cuadra:)

TAMINO. ¡Hola buenos días, muchacho!

PAGAPENO. ¡Buenos días, señor! ¿En qué puedo servirle?

TAMINO. Yo soy una antiguo colega que tras mi ennoblecimiento me han asignado aquí. ¿Y usted quién es?

PAPAGENO. Soy Papageno. Trabajo aquí desde hace cinco años cuando se marchó un colega.

TAMINO. Oh, ¿hace cinco años? Entonces seguro que ese colega soy yo mismo, Tamino.

Funktionär: „Adieu, Herr Lutz, und eine gute Genesung."

Funktionär ab.

VORHANG

6. Akt
Rückkehr eines Freundes

Taminos ehemaliger Rennstall. Papageno ist dabei, Geschirre zu pflegen. Tamino betritt die Bühne über die Stalltür: „Hallo, guten Tag, junger Mann!"

Pagapeno: „Guten Tag, mein Herr! Was kann ich für Sie tun?"

Tamino: „Ich bin ein ehemaliger Kollege und nach meiner Veredelung diesem Rennstall zugeteilt worden. Und Sie?"

Papageno: „Ich bin Papageno. Ich arbeite seit fünf Jahren hier, weil ein Kollege weggegangen ist."

Tamino: „Oh, vor fünf Jahren? Nun, dann bin vermutlich ich dieser Kollege, Tamino."

PAPAGENO. Ah, Tamino, ¡así que es usted! Yo también me había planteado el ennoblecimiento, pero después de mi visita al Centro de Producción decidí renunciar.

TAMINO. Lo comprendo. Lo que sucede allí muchas veces es bastante crudo. Algunos quedan luego más o menos deteriorados.

PAPAGENO. ¿Y usted?

TAMINO. Yo, por suerte, salí bastante airoso. Pero, ¿cómo fue que usted tomara mi puesto?

PAPAGENO. Es que mi cuadra se cerró, y tras mi viaje a la capital se me envió a esta. Fue pura casualidad que yo acabara aquí.

TAMINO. Bueno, pues es un placer conocerle.

(Tamino le da un fuerte apretón de manos a Papageno. Entran en escena los otros cabestreros, quienes desde sus box han oido la conversación.)

LOS OTROS CABESTREROS. ¿Tamino? ¡Tamino!

(Todos saludan a Tamino con verdadero entusiasmo.)

PETER.Tamino, ¡Vaya suerte de verte!, ¿cómo te va?

TAMINO. Muy bien, amigos, me va muy bien.

Papageno: „Ah, Tamino - Sie sind das also! Ich hatte die Veredelung auch in Erwägung gezogen, aber nach der Besichtigung der Produktionsstätte darauf verzichtet.“

Tamino: „Ja, da geht es zum Teil ziemlich rau zu, so mancher ist hinterher mehr oder weniger lädiert.“

Papageno: „Und Sie?“

Tamino: „Bei mir ist es zum Glück recht glimpflich ausgegangen. Aber wie kommt es, dass Sie meinen Platz eingenommen haben?“

Papageno: „Mein Rennstall war geschlossen worden und so wurde ich nach meiner Reise in die Hauptstadt gleich weiter vermittelt. Es war reiner Zufall, dass ich hier gelandet bin.“

Tamino: „Nun, es freut es mich, Ihre Bekanntschaft zu machen!“

Tamino schüttelt Papageno herzlich die Hand. Die anderen Geschirrträger in den Boxen haben die beiden reden hören und kommen heraus: „Tamino? Tamino!“

Alle begrüßen Tamino stürmisch.

Peter: „Tamino, welch ein Glück, dich zu sehen! Wie geht es Dir?“

Tamino: „Gut, meine Freunde, es geht mir gut.“

HANS. Y ahora, ¿qué te traes entre manos?

TAMINO. Bueno, ya habéis oido que me han asignado a esta cuadra. Espero que comprendáis que ahora tengo que comportarme como si no quisiera saber más de vosotros.

PETER. O sea, todavía estás dispuesto a luchar porque haya cambios.

TAMINO. Por supuesto, si no ¿para qué habría pasado por todas esa penurias?

STEFAN. Va a ser dificil hacer como si nada, y tú, ¿cómo quieres hacérlo durante las carreras? Sin látigo va a ser imposible.

TAMINO. Tenéis razón, esto es algo que me duele en el alma. Simplemente debemos mantener nuestra solidaridad. Vosotros ya conocéis mi opinion al respecto. Nunca tenéis que tomar mis acciones como algo personal. En cuanto a vernos fuera del entrenamiento, sólo podremos hacerlo en secreto.

PAPAGENO. Ah, hablando del entrenamiento, a partir de hoy su cabestrero soy yo.

TAMINO. ¿A partir de hoy?, ¿para quién ha tirado usted del carro hasta ahora?

PAPAGENO. Para Maximiliano de Grossburgo.

TAMINO. ¿Y qué pasó con él?

Hans: „Und was hast Du jetzt vor?"

Tamino: „Nun, ihr habt schon gehört, ich bin diesem Rennstall zugeteilt worden. Ich hoffe ihr versteht, dass ich so tun muss, als wollte ich nichts mehr von euch wissen…"

Peter: „Du hast also immer noch vor, für Veränderung zu kämpfen…"

Tamino: „In der Tat. Wozu sonst hätte ich all die Strapazen auf mich genommen?"

Stefan: „Es wird schwierig sein, dich zu verstellen. Wie willst du das in den Rennen bewerkstelligen? Ohne Peitsche wird es kaum gehen."

Tamino: „Ihr habt Recht, und das tut mir in der Seele weh. Wir müssen einfach zusammenhalten. Ihr müsst wissen, wie ich die Dinge meine und dürft sie nie persönlich nehmen. Sehen können wir uns abgesehen vom Training nur insgeheim."

Papageno: „Ah, da wir vom Training reden – ich bin ab heute Ihr Geschirrträger."

Tamino: „Ab heute? Für wen haben Sie denn bislang den Wagen gezogen?"

Papageno: „Für Maximilian von Großburg."

Tamino: „Was ist geschehen?"

LUTZ. Ayer en la carrera…

(Se oyen voces desde fuera.)

TAMINO. (Suave). ¡Vaya, ya llegan! ¡No me tienen que ver aquí!

STEFAN. ¡Ven, salte rápidamente por aquí!

(Tamino salta del escenario a la sala del público y agachado camina hacia detrás del escenario. Los nobles entran en el establo.)

ALEJANDRO DE LETHE. ¡Buenos días, señores!

LOS CABESTREROS. ¡Buenos días, señor De Lethe.

ALEJANDRO DE LETHE. Hoy van a ver de nuevo a su antiguo colega Tamino, le han asignado a nuestra cuadra como nuevo noble para ocupar el puesto de Maximiliano de Grossburgo.

(Tamino, entra por la puerta del establo.)

TAMINO. ¡Buenos días, señores! Perdonen ustedes; me he retrasado un poco.

CARLOS DE AURITZ. No tiene ninguna importancia, señor Tamino. Aquí los paladines valerosos como usted son siempre bien recibidos. (Le aprieta efusivamente la mano a Tamino. Los otros aristócratas le imitan el ejemplo).

Lutz: „Es hat gestern auf der Rennbahn…"

Von draußen hört man Stimmen.

Tamino, leise: „Oh weh, sie kommen schon! Sie dürfen mich hier nicht sehen!"

Stefan: „Komm, schnell hier hinaus!" *Tamino springt von der Bühne in den Publikumssaal und läuft von dort gebückt hinter die Bühne. Die Herren betreten den Stall.*

Alexander von Lethe: „Guten Tag, meine Herren!"

Geschirrträger: „Guten Tag, Herr von Lethe."

Alexander von Lethe: „Heute werden Sie Ihren Kollegen Tamino wieder sehen. Er ist unserem Stall als neuer Edelmann zugeteilt worden und wird den Platz von Maximilian von Großburg einnehmen."

Tamino, betritt den Stall durch die Stalltür: „Oh, guten Tag, meine Herren! Bitte verzeihen Sie, ich habe mich ein wenig verspätet."

Karl von Auritz: „Das macht nichts, Herr Tamino. Wackere Kämpen wie Sie sind uns immer willkommen."

Schüttelt Tamino herzlich die Hand. Die anderen Edelleute folgen seinem Beispiel.

TAMINO. ¿No está aquí Maximiliano de Grossburgo?

FEDERICO DE HERRENBERG: ¿No lo sabe? Claro, naturalmente, como lo va a saber. Ayer, desgraciadamente, perdió la vida en la carrera. Ese es el motivo por el cual se le ha asignado a usted a nuestro equipo.

TAMINO. Oh, eso es grave. De buena gana le habría saludado.

HARRO DE GERMSEE. Así es la vida. Bien sabe usted por propia experiencia que éste es un negocio duro, nadie está libre de riesgos.

TAMINO. Así es, eso es muy cierto. ¿Qué fue lo que pasó realmente?

HARRO DE GERMSEE. El cabestrero de Gero de Altenburgo tuvo un descuido, que hizo que su carruaje y el de Maximiliano de Grossburgo chocaran feamente entre sí a una velocidad de vértigo. Ambos carruajes volcaron. El destrozo fue tal que tanto Maximilian como el que provocó el incidente murieron. El cabestrero de Maximilian tuvo muchísima suerte, salió ileso, en cuanto a Gero de Altenburgo ha resultado con algunas contusiones.

TAMINO. ¡Dios mío! Supongo que la carrera tuvo que suspenderse, ¿no?

HARRO VON GERMSEE. Sí, todavía falta la última vuelta, así que ya puede usted irla preparando. Con ese

Tamino: „Ist Maximilian von Großburg nicht da?"

Friedrich zu Herrenberg: „Sie wissen es noch nicht? Ja, natürlich, wie auch. Er ist leider gestern beim Rennen tödlich verunglückt. Das ist der Grund dafür, dass man Sie unserer Mannschaft zugeteilt hat."

Tamino: „Das ist arg. Ich hätte ihn gerne begrüßt."

Harro von Germsee: „Tja, so kann es gehen. Sie wissen ja aus eigener Erfahrung, es ist ein hartes Geschäft, das keinen schont."

Tamino: „Das stimmt, fürwahr. Was ist denn bloß geschehen?"

Harro von Germsee: „Der Geschirrträger von Gero von Altenburg war unachtsam und dadurch haben sich sein Wagen und der von Maximilian von Großburg bei ihrem enormen Tempo böse ineinander verkeilt. Beide Wagen sind gekippt und leider so unglücklich gebrochen, dass sowohl Maximilian als auch der Verursacher den Tod gefunden haben. Maximilians Geschirrträger hatte ein Riesenglück, er hat es unbeschadet überstanden, Gero von Altenburg ist mit ein paar Prellungen davon gekommen."

Tamino: „Das ist aber schlimm. Ich nehme an, das Rennen musste dann abgebrochen werden?"

Harro von Germsee: „Ja, es fehlt die letzte Runde – Sie können sich schon mal darauf vorbereiten. Man hat am

fin se ha organizado para el próximo fin de semana una sesión extra. ¿Se siente en forma?

TAMINO. Sí, eso sí. Pero, ¿no es el capitán quien disputa la última vuelta?

HARRO DE GERMSEE. Correcto. Ayer mismo lo sometimos a una votación. Nuestro nuevo capitán es Alejando de Lethe. Dado que ya todos hemos participado en la carrera y nadie puede participar dos veces, entra en rigor la única excepción legal que hay para estos casos: el nuevo miembro del equipo se encarga de la ultima vuelta aunque no sea el capitán.

FEDERICO DE HERRENBERG. ¡Esto será para usted la oportunidad de demostrar su eficacia en su nuevo puesto!

TAMINO. Sí, tiene razón. Voy a empezar ya mismo con el entrenamiento a fin de acostumbrarme a mi cabestrero.
CARLOS DE AURITZ. Adelante, no nos asustemos ahora. La vida sigue, ¿no?

FEDERICO DE HERRENBERG. A usted no necesitamos enseñarle el establo, ya lo conoce, no ha cambiado. Bueno sí, hace cuatro años Alejandro de Lethe fue tan amable que le puso a la gente vacas y ganado menor a fin de mejorar su autoabastecimiento y reducir los costes de mantenimiento. Con ese objetivo se ha montado un pequeño establo con su respectiva pradera.

nächsten Wochenende einen extra Termin dafür anberaumt. Sind Sie fit?"

Tamino: „Ja, schon. Aber ist nicht der Kapitän derjenige, der die letzte Runde bestreitet?"

Harro von Germsee: „Richtig. Wir haben gleich gestern abgestimmt und Alexander von Lethe dazu bestimmt. Aber in einem solchen Fall haben schon alle am Rennen teilgenommen, auch er. Erneute Teilnahme ist ausgeschlossen, deshalb ist dies die einzige Ausnahme von den üblichen Regeln."

Friedrich zu Herrenberg: „Ist für Sie doch auch gleich eine gute Gelegenheit, sich auf Ihrem neuen Posten zu bewähren!"

Tamino: „Ja, Sie haben Recht. Ich werde gleich mit dem Training beginnen, damit ich mit meinem Geschirrträger vertraut werde."

Karl von Auritz: „Ja, lassen Sie uns jetzt kein Trübsal blasen. Das Leben geht weiter, nicht wahr?"

Friedrich zu Herrenberg: „Den Stall brauchen wir Ihnen nicht zu zeigen, Sie kennen ihn, er ist unverändert. Ach doch, Alexander von Lethe war vor vier Jahren so freundlich, den Leuten Kühe und Kleinvieh zu stellen, um so die Selbstversorgung zu optimieren und die Haltungskosten zu senken. Man hat dafür einen kleinen Stall angebaut und eine Weide dazu genommen.

Por otro lado, el joven que tras su marcha arrastró el carruaje de Maximilian queda ahora a su disposición. Se llama Papageno y es un magnífico corredor.

PAPAGENO. Buenos días, señor Tamino.

TAMINO. Buenos días, señor Papageno. Que nuestra colaboración sea buena.

PAPAGENO. Que así sea, señor Tamino.

CARLOS DE AURITZ. Bien, asunto arreglado. Pero antes de que empiece usted con su entrenamiento quisiera enseñarle su nuevo domicilio, el castillo "Tamino".

TAMINO. Oh, ya tengo ilusión de verlo, gracias. Estoy realmente intrigado por ver lo que me espera.

ALEJANDRO DE LETHE. Lo mejor de lo mejor, querido amigo, ya verá.

CARLOS DE AURITZ. Así es, querido Tamino. Vamos allá.

(Los nobles y Tamino se van.)

TELÓN

Der junge Mann, der nach Ihrem Weggang den Wagen für Maximilian gezogen hat, steht jetzt zu Ihrer Verfügung. Papageno. Ein exzellenter Läufer."

Papageno: „Guten Tag, Herr Tamino."

Tamino: „Guten Tag, Herr Papageno. Auf gute Zusammenarbeit!"

Papageno: „Auf guten Zusammenarbeit, Herr Tamino."

Karl von Auritz: „So, das wäre erledigt. Doch bevor Sie mit dem Training loslegen, zeige ich Ihnen noch Ihr neues Domizil, die Burg Tamino."

Tamino: „Oh, darauf habe ich mich schon gefreut, danke. Ich bin wirklich gespannt, was mich erwartet."

Alexander von Lethe: „Nur das Beste vom Besten, mein lieber Freund, Sie werden schon sehen."

Karl von Auritz: „Genau so ist es, lieber Tamino. Gehen wir."

Edelleute mit Tamino ab.

VORHANG

SÉPTIMO ACTO
Los acuerdos ante todo son útiles

(Una habitación vacía con una mesa y tres sillas. Dos hombres traen esposado a Lutz. Allí ya está esperando un funcionario.)

FUNCIONARIO. Muy buenas, señor Lutz.

LUTZ. Muy buenas, señor. Dígame, ¿qué delito he cometido yo para que me traigan así?

FUNCIONARIO. *(Se dirige a uno de los hombres)*. Por favor, quítele las esposas a este joven. No habrían sido necesarias. *(Dirigiéndose ahora a Lutz)*. Tóme asiento, por favor, señor Lutz.

(Lutz se frota las articulaciones de las manos, después se sienta.)

FUNCIONARIO. Señor Lutz, usted tiene que ayudarme.

LUTZ. ¿Qué YO tengo que ayudarle? ¿Pero cómo puedo hacerlo?

FUNCIONARIO. Tengo a mi cargo un preso político antiguo, y ahora han surgido dudas en los informes elaborados por su pariente... Eso me pone a mí en ciertos aprietos, usted entenderá, pues debo justificar, de forma jurídicamente impecable, toda ventaja penitenciara concedida.

7. Akt
Vereinbarungen sind vor allem zweckdienlich

Ein kahler Raum mit einem Tisch und drei Stühlen. Zwei Männer führen Lutz in Handschellen hinein. Dort wartet bereits ein Funktionär.

Funktionär: „Guten Tag, Herr Lutz."

Lutz: „Guten Tag, mein Herr. Bitte sagen Sie mir, was habe ich verbrochen, dass man mich so abführt?"

Funktionär, zu einem der Männer: „Bitte nehmen Sie dem jungen Mann die Handschellen ab. Das wäre doch nicht nötig gewesen."

zu Lutz: „Bitte, nehmen Sie Platz, Herr Lutz."

Lutz, reibt sich die Handgelenke, setzt sich dann.

Funktionär: „Herr Lutz, Sie müssen mir helfen."

Lutz: „ICH soll Ihnen helfen? Wie könnte ich Ihnen denn schon helfen?"

Funktionär: „Ich habe da einen politischen Althäftling zu betreuen, und nun sind Zweifel an den Berichten seines Angehörigen aufgekommen… Das bringt mich in gewisse Nöte, Sie verstehen. Ich muss schließlich jede gewährte Vergünstigung juristisch hieb- und stichfest rechtfertigen."

LUTZ. No entiendo…

FUNCIONARIO. Así es, señor Lutz. Creo que usted realmente no entiende la gravedad de la situación, tanto la suya y como la mía. Déjemonos de jueguecitos y hablemos sin rodeos de una vez. Quizás debería saber que hay otros observadores del equipo de Lethe que también usan su buzón. Resulta que en puntos donde deberían coincidir con los informes de los otros en los suyos faltan unas cuantas informaciones mas precisas.

LUTZ. No sé ni de informes ni de nada por el estilo.

FUNCIONARIO. Esto sí que es extremamente raro, pues sus huellas dactilares están ahí. ¿Me podría explicar esto de alguna forma?

(Lutz se desploma y guarda silencio.)

FUNCIONARIO. Usted ha intentado satisfacer el deseo de mi colega funcionario pero sin traicionar a nadie de su equipo. Usted informa de asuntos casi sin importancia, todo el contrario a los informes del segundo observador del equipo. Con ello ha cometido un error gravísimo, señor Lutz, pero yo no quisiera ser alguien sin sentimientos humanos, a fin de cuentas los dos queremos que este asunto llegue a buen fin ¿verdad?

(Lutz levanta la vista lleno de esperanza.)

FUNCIONARIO. Le voy a dar una última oportunidad de enmendar su gran metedura de pata. Usted me dice lo que yo quiero saber y yo puedo seguir encargandome

Lutz: „Ich verstehe nicht…"

Funktionär: „Genau, lieber Herr Lutz, ich glaube, Sie verstehen den Ernst Ihrer und meiner Lage nicht. Lassen wir doch die Spielchen und reden Klartext. Vielleicht sollten Sie wissen, dass auch andere Beobachter aus dem Lethe-Team Ihren Briefkasten nutzen. Und da, wo die Berichte übereinstimmten sollten, fehlen in Ihren Berichten so einige genauere Angaben…"

Lutz: „Ich weiß nichts von irgendwelchen Berichten."

Funktionär: „Das ist überaus seltsam, denn Ihre Fingerabdrücke sind darauf… Können Sie mir das irgendwie erklären?"

Lutz sinkt zusammen und schweigt.

Funktionär: „Sie haben versucht, dem Anliegen des Funktionärskollegen gerecht zu werden und trotzdem keinen aus Ihrer Mannschaft zu verraten. Fast nur belangloses Zeug, was Sie berichten. Ganz im Gegensatz zu den Berichten des zweiten Team-Beobachters. Das war ein schwerer Fehler, lieber Herr Lutz. Aber ich will kein Unmensch sein, schließlich wollen wir beide die Situation glücklich lösen, nicht wahr?"

Lutz schaut erwartungsvoll auf.

Funktionär: „Ich will Ihnen eine letzte Gelegenheit geben, Ihren Faux-pas auszubügeln. Sie sagen mir, was ich wissen will, und ich kann mich weiter um das Wohlbefinden Ihres kranken Onkels kümmern und auch

por el bienestar de su tío y conseguir también de que a usted no le molesten más por este asunto.

LUTZ. ¿Qué es lo que espera usted de mí?

FUNCIONARIO. Tengo un interés especial en indagar ciertos comportamientos anormales de Tamino.

LUTZ. (*Tras vacilar un rato*). He observado que a él le gusta salir al campo, como en tiempos de ser cabestrero.

FUNCIONARIO. En realidad, él no ha dejado completamente de ser cabestrero, ¿cierto?

LUTZ. ¿Cómo? Pero si él ha librado buenas carreras.

FUNCIONARIO. Y se ha hecho amigo de los cabestreros, cosa completamente inconforme con su clase.

LUTZ. Bueno, yo no llamaría amistad a eso. Él simplemente ha sabido ganarnos para sí y para el trabajo en equipo, y esto es algo que ha tenido un efecto positivo en las carreras.

FUNCIONARIO. Su tarea consistió exclusivamente en informar de lo que ve y oye. La interpretación de las cosas tendrá que dejarla a cargo nuestro.

LUTZ. De acuerdo, señor.

dafür sorgen, dass Sie unbehelligt aus der Sache herauskommen."

Lutz: „Was erwarten Sie von mir?"

Funktionär: „Insbesondere interessieren mich Unregelmäßigkeiten im Verhalten von Tamino."

Lutz, nach einer Weile des Zögerns: „Ich habe beobachtet, dass er wie zu Geschirrträgerzeiten gerne in die Natur hinausgegangen ist."

Funktionär: „Er hat wohl generell das Geschirrträgerdasein nicht so ganz hinter sich gelassen, nicht wahr?"

Lutz: „Warum, er hat doch gute Rennen geliefert?"

Funktionär: „und sich völlig unstandesgemäß mit den Geschirrträgern befreundet..."

Lutz: „Also, Freundschaft würde ich das nicht nennen... er hat es einfach verstanden, uns für sich und die Arbeit im Team zu gewinnen. Das hat sich sehr positiv auf die Rennen ausgewirkt."

Funktionär: „Ihre Aufgabe bestand ausschließlich darin, zu berichten, was Sie sehen und hören. Die Interpretation davon müssen Sie schon uns überlassen."

Lutz: „Ja, mein Herr."

FUNCIONARIO. ¿Está usted al corriente de que Tamino y demás colegas se han reunido en la tasca de un noble residente cerca de su cuadra?

LUTZ. No, yo sólo he oido una vez que Tamino ha contado maravillas de un mesón. Como es el único a la redonda, fue un lugar muy especial para él.

FUNCIONARIO. ¡Muy, muy bien, señor Lutz! Y dígame, ¿ha sido tan terrible decirlo?, ¿por qué simplemente no lo escribió de una vez en sus informes?

LUTZ. Pues no sé…

FUNCIONARIO. Bien, si esto era todo lo que quería saber. Ahora debemos despedirnos el uno del otro.

LUTZ. ¿Despedirnos?

FUNCIONARIO. Se lo diré en confianza, señor Lutz, usted se encuentra ahora en muy graves apuros. Por un lado, ha elaborado informes para ayudar a su tío, cosa que está prohibida por ley. Por otro lado, la tarea encomendada no la ha cumplido usted correctamente. Debo ordenar su detención, lamentablemente no tengo otra opción.

LUTZ. Usted me acaba de prometer que no habría consecuencias para mí.

FUNCIONARIO. El fin justifica los medios. Sin embargo, soy un tipo al que le gusta ir con la verdad por delante. Ha de saber ahora que su tío fue ejecutado ya

Funktionär: „Ist Ihnen bekannt, dass Tamino und Ihre Kollegen das Lokal eines ansässigen Edelmannes aufgesucht haben, um sich dort zu treffen?"

Lutz: „Nein. Ich habe nur einmal mitbekommen, dass Tamino sehr begeistert von einer Gaststätte erzählt hat. Es ist die einzige weit und breit, deshalb war sie etwas Besonderes für ihn."

Funktionär: „Nun, sehen Sie, mein lieber Herr Lutz, war das so schlimm? Warum haben Sie all das bloß nicht gleich in Ihre Berichte geschrieben?"

Lutz: „ich weiß nicht…"

Funktionär: „Das war doch alles, was ich wissen wollte. Jetzt müssen wir uns voneinander verabschieden."

Lutz: „Verabschieden?"

Funktionär: „Im Vertrauen gesagt, lieber Herr Lutz, Sie sitzen ganz ordentlich in der Klemme. Sie haben die Berichte angefertigt, um Ihrem Onkel zu helfen, was per Gesetz untersagt ist. Darüber hinaus haben Sie Ihre Aufgabe nicht korrekt erfüllt. Ich muss Sie festnehmen lassen, leider bleibt mir keine Wahl."

Lutz: „Sie haben mir zugesagt, dass es keine Folgen für mich haben wird…"

Funktionär: „Der Zweck heiligt die Mittel. Aber ich bin ein wahrheitsliebender Mann. Sie sollen wissen, Ihr Onkel wurde aufgrund neuer Anordnungen für politi-

hace algunos años, en base a unas nuevas disposiciones para presos políticos antiguos. Y en cuanto a usted, desgraciadamente le aguarda el mismo destino. Se ha demostrado una y otra vez que los lazos familiares repercuten negativamente en la sociedad, esto es muy notorio cuando los parientes cultivan grillos políticos en la cabeza. Las estructuras familiares practicamente sirven para fomentar la expansión epidémica de semejantes ideas rebeldes. Eliminarlas ha sido pues una idea muy sabia por parte del Estado.

Que le vaya bien pues, señor Lutz.

LUTZ. ¿Y qué va a ser de Tamino? ¿Le perjudicará lo que le he contado de él?

FUNCIONARIO. Usted sólo ha confirmado lo que dicen los informes del otro observador. Aunque sólo sea de forma parcial, es más que suficiente, ya que la ley exige que haya siempre dos observadores. Se trata de evitar malicia o malos entendidos a la hora de acusar a alguien. Lo siento mucho. (*Se dirige a los hombres*). Yo ya he terminado, el resto es asunto suyo.

(*Los hombres le ponen de nuevo las esposas a Lutz y se lo llevan. El funcionario también se va.*)

TELÓN

sche Althäftlinge bereits vor Jahren hingerichtet. Ihnen blüht nun leider dasselbe Schicksal. Es zeigt sich doch immer wieder, dass die Familienbande sich schlecht auf die Gesellschaft auswirken, besonders dann, wenn die Angehörigen sich politischer Flausen befleißigen. Familiäre Strukturen sorgen geradezu für epidemieartige Ausbreitung solch aufrührerischer Ideen. Es war eine wirklich weise Staatsentscheidung, sie zu eliminieren.

Gehaben Sie sich also wohl, Herr Lutz."

Lutz: „Und was wird mit Tamino geschehen? Gereicht es ihm zum Nachteil, was ich Ihnen berichtet habe?"

Funktionär: „Sie haben bloß die Berichte des anderen Beobachters bestätigt, wenn auch nur partiell. Das ist völlig ausreichend. Von Gesetz wegen braucht es immer zwei Beobachter, damit niemandem aus Böswilligkeit oder Missverständnis etwas unterstellt werden kann. Tut mir leid." *Zu den Männern:* „Ich bin fertig mit ihm, er gehört Ihnen."

Die Männer legen Lutz wieder Handschellen an und führen ihn ab. Auch der Funktionär ab.

VORHANG

ACTO OCTAVO
Una detención legalmente correcta

(En una tasca, una pequeña sala con escenario. Los asistentes, que en parte no han terminado de comer, están aplaudiendo a un orador. De repente se abre la puerta y la policía irrumpe en la habitación.)

POLICÍA. ¡Policia! ¡Todos de pie! ¡Muestren su documentación!

TAMINO. ¿Pero es que no se puede pasar la tarde con amigos en un mesón?

POLICÍA. ¿Amigos? ¿Y qué son estos aquí? (*Señala a Papageno y a otro cabestrero*). Si de verdad son amigos suyos, está vulnerando usted el artículo 16 de la Constitución que dice "Se prohibe bajo pena de muerte que nobles y cabestreros tengan otro tipo de relación entre sí que la puramente profesional". ¿Acaso están ustedes ahora en un establo o en una pista de carreras?

(Otro policía da una información al comandante del grupo.)

POLICÍA. Mi comandante, de acuerdo a sus identificaciones se encuentran en esta habitación quince nobles y seis cabestreros. Y esto (*señala los platos y el escenario y le da al comandante un aparato de grabación que estaba escondido detrás del escenario*) con una finalidad claramente distinta a la que establece la ley.

8. Akt
Eine rechtlich fundierte Festnahme

Ein kleiner Gastraum mit Bühne in einem Wirtshaus. Die Anwesenden, zum Teil noch mit Essen beschäftigt, applaudieren gerade einem Redner, als plötzlich die Tür aufgeht und die Polizei den Raum stürmt.

„Polizei! Alle aufstehen! Ausweispapiere!"

Tamino: „Ist es nicht erlaubt, einen Abend mit Freunden in einem Gasthaus zu verbringen?"

Ein Polizist: „Freunde? Und was sind die hier?" *zeigt auf Papageno und einen anderen Geschirrträger.* „Falls die zu Ihren Freunden gehören, verletzen Sie hiermit Paragraph 16 des Grundgesetzes: *Edelleuten und Geschirrträgern ist es bei Todesstrafe untersagt, eine andere als eine rein geschäftliche Beziehung miteinander einzugehen.* Sind wir hier etwa in einem Stall oder auf der Rennbahn?"

Weiterer Polizist, macht dem Kommandant der Truppe Meldung: "Herr Kommandant, laut Ausweisen halten sich in diesem Raum fünfzehn Edelleute und sechs Geschirrträger gemeinsam auf, und dies" *zeigt auf die Teller und die Bühne und überreicht dem Kommandant ein Aufnahmegerät, das hinter der Bühne versteckt war* „eindeutig zu einem anderen als dem gesetzlich vorgeschriebenen Zweck."

(El comandante pulsa la tecla de reproducción. Se oye la última frase del orador antes de los aplausos.)

GRABACIÓN DEL ORADOR. Y este es el motivo, queridos amigos, por el cual debemos rebelarnos. Para luchar resueltamente contra la injusticia y la esclavitud que a nivel mundial sufren los cabestreros y que nos convierten a los nobles en meros productos de la norma GLOBAL cuya tarea consiste exclusivamente en organizar y realizar carreras totalmente abstrusas y peligrosísimas.

(El comandante, apaga el aparato y se lo mete en el bolsillo.)

COMANDANTE. En base al no cumplimiento del artículo 16 de la Constitución quedan todos detenidos por asociación para delinquir y alta traición. ¡Llévenselos!

(Los policías ponen esposas a todos los clientes. Todos abandonan la sala.)

TELÓN

Der Kommandant drückt auf die Wiedergabetaste. Man hört den letzten Satz des Redners vor dem Applaus:

Redner: „Und das, liebe Freunde, ist der Grund, weshalb wir uns erheben und entschlossen gegen die Ungerechtigkeit und Sklaverei ankämpfen müssen, die den Geschirrträgern weltweit widerfährt und aus uns Edelleuten reine GLOBAL-Norm-Produkte macht, deren Aufgabe ausschließlich im Organisieren und Bestreiten völlig abstruser und lebensgefährlicher Wettrennen besteht!"

Kommandant, schaltet das Gerät aus und steckt es in die Tasche: „Aufgrund der Nichtbefolgung von §16 des Grundgesetzes sind Sie hiermit alle wegen gemeinschaftlicher Verschwörung und Hochverrats verhaftet. Abführen!"

Die Polizisten legen den Gästen Handschellen an. Alle verlassen den Raum.

VORHANG

ACTO NOVENO
Quien la hace la paga

(En el patio de una cárcel al aire libre. Para la noche se les ha asignado a los detenidos un rincón con paja. La luz de los los focos de la torre de vigilancia se proyecta incesantemente de aquí para allá.)

TAMINO. Yo soy el culpable de todo. Mi idea de permitir que los cabestreros participen en nuestras reuniones es el motivo por el que estamos aquí.

GERNOT DEL VERDE. No diga tonterías. Aunque no hubieran asistido cabestreros, nos habrían detenido igual.

TAMINO. Tiene razón, la grabación de la charla, el artículo primero…

GERNOT DEL VERDE. Así es. Lamentablemente, vulnerar el artículo primero de la Constitución es lo peor que se puede hacer.

PAPAGENO. "La dignidad…"

GERNOT DEL VERDE. "Nuestra sociedad moderna solo admite las clases de nobles, no nobles y funcionarios. La dignidad del orden social establecido en consecuencia, es inviolable. Este orden sólo persigue el bienestar del pueblo. Ponerlo en duda o luchar contra él equivale a alta traición y será castigado con la pena de muerte".

9. Akt
Strafe muss sein

Gefängnishof unter freiem Himmel. Man hat den Ge-fangenen für die Nacht eine mit Stroh ausgelegte Ecke im Hof zugewiesen. Die Scheinwerfer auf dem Wacht-turm tasten den Hof fortwährend rundum ab.

Tamino: „Ich bin an allem schuld. Nur wegen meiner Idee, die Geschirrträger an den Veranstaltungen teilneh-men zu lassen, sitzen wir jetzt hier."

Gernot von Grün: „Reden Sie keinen Unsinn. Auch wenn keine Geschirrträger dabei gewesen wären, hätte man uns verhaftet."

Tamino: „Sie haben Recht… die Aufnahme der Rede, §1…"

Gernot von Grün: „Leider ja. Gegen §1 des Grundge-setzes zu verstoßen, ist das Schlimmste, was man über-haupt tun kann."

Papageno: „Die Würde…"

Gernot von Grün: „ *Die Würde der bestehenden Gesell-schaftsordnung der Einteilung in Edelleute und Nichte-delleute sowie Staatsbedienstete ist unantastbar. Diese Ordnung dient einzig dem Wohl des Volkes. Sie in Zwei-fel zu ziehen oder gar zu bekämpfen, kommt dem Hoch-verrat gleich und wird mit dem Tode bestraft.* "

PAPAGENO. Alguien ha debido de traicionarnos.

TAMINO. Excepto nosotros y el dueño, nadie sabía de nuestras asambleas.

HASSO DE BRODEN. Por el dueño respondo yo, es amigo mío. Y cualquier otro de nuestros contendientes estaba en peligro de muerte ya por serlo.

JECKE DE ASPIS. El tabernero es un noble que por culpa de las carreras estuvo a punto de perder la vida. Debido a las fuertes repercusiones que tuvo eso para su salud ya no pudo participar en ninguna otra carrera. Entonces se le concedió un permiso especial para montar ese insólito establecimiento en el bajo de su fortaleza. Él odia profundamente el sistema, pero siempre ha sabido muy bien ocultarlo. Nunca le han puesto condiciones como controles de identificación o cosas por el estilo y por ello tampoco le pueden reprochar por nada.

TAMINO. Esperemos que su local no sea utilizado por la policía secreta como trampa para cazar librepensadores o conspiradores quienes al igual que nosotros se sentirán seguro y a salvo allí.

HASSO DE BRODEN. (*Se golpea en la cabeza*).¡Esa es la vieja estrategia de las cien flores que usaba Mao! Si esto sucediera y él se diera cuenta, se mataría. Jamás se prestaría a una cosa así.

GERNOT DEL VERDE. ¡Quíen sabe! A lo mejor sólo ha sido alguno de nuestros colegas de equipo quien haya sospechado algo, y por ello se haya puesto todo

Papageno: „Es muss uns jemand verraten haben."

Tamino: „Außer uns und dem Wirt hat doch niemand von unseren Versammlungen gewusst."

Hasso von Broden: „Für den Wirt verbürge ich mich, er ist ein Freund. Und jeder andere war selbst in Lebensgefahr."

Jecke von Aspis: „Der Wirt ist ein Edelmann, der die Rennen einmal fast mit dem Leben bezahlt hätte. Weil er danach durch die extremen erlittenen gesundheitlichen Einschränkungen keine mehr bestreiten konnte, hat er eine Sondergenehmigung für sein ungewöhnliches Etablissement im Erdgeschoss seiner Burg bekommen. Er hasst das System zutiefst, wusste dies aber stets gut zu verbergen. Man hat ihm nie Auflagen wegen Ausweiskontrollen oder ähnlichem gemacht, und kann ihm deshalb keinen Vorwurf machen."

Tamino: "Hoffen wir, seine Lokalität wird nicht gezielt von der Geheimpolizei missbraucht, um ganz gemütlich ähnliche Freidenker oder Verschwörer wie uns abzugreifen, die sich bei ihm sicher und frei fühlen…"

Hasso von Broden, schlägt sich an den Kopf: "Maos alte Strategie der hundert Blumen! Falls das tatsächlich so ist und er merkt es, dann bringt er sich um! Für so etwas würde er sich nie hergeben."

Gernot von Grün: „Wer weiß, vielleicht hat ja auch nur einer unserer Mannschaftskollegen Verdacht geschöpft und alles ins Rollen gebracht. Ich konnte mich einfach

eso en marcha. Yo al menos al final ya no podía seguir fingiendo. Ya no era capaz de disfrutar tan despreocupadamente como antes de las fiestas habituales después de las carreras.

SELIGER DE LA RAHE. Sí, bien pudiera ser eso. A mí me pasó igual. Para dar pie a algo así basta una pequeña sospecha, un chivatazo a las autoridades … En fin, y ahora, ¿qué va a ser de nosotros?

ANSELMO DE JULTAL. Hasta aquí hemos llegado. Es nuestro final.

TAMINO. ¿Nuestro final? ¡No puede ser!

GERNOT DEL VERDE. Pues yo me temo eso.

TAMINO. Como mínimo tendrán que hacernos un juicio.

(Los demás se rien.)

HANS (*un cabestrero*). Por lo que he oido, cuando se vulnera el artículo 16, ni siquiera hay juicio. A quien le pillan le ejecutan en un plazo de 24 horas. Sin juicios ni pamplinas, ejecucción y punto. Y cuando el artículo primero anda por medio…

TAMINO. Entonces, ¡todos nuestros esfuerzos han sido en vano!

nicht mehr beherrschen und die üblichen Festivitäten nach den Rennen so unbefangen genießen wie früher.“

Seliger von der Rahe: „Ja, so kann es sehr wohl gewesen sein. Bei mir war es ähnlich. Da genügt ein kleiner Verdacht, eine Anzeige bei den Behörden… Was wird denn nun aus uns werden?“

Anselm von Jultal: „Geschehen ist es um uns.“

Tamino: „Geschehen? Das kann doch nicht sein?!“

Gernot von Grün: “Ich fürchte, doch.“

Tamino: „Es muss doch zumindest eine Gerichtsverhandlung geben!“

Die anderen lachen.

Hans, ein Geschirrträger: „Soviel ich gehört habe, gibt es schon bei Verletzung von §16 keine Verhandlung. Wer dabei erwischt wird, wird innerhalb der nächsten 24 Stunden hingerichtet. Ohne Verhandlung, ohne wenn und aber, fertig, aus. Und bei §1 erst…“

Tamino: „Dann waren alle unsere Bemühungen vergeblich!“

JECKE DE ASPIS. Así parece – y ahora hasta moriremos por ellos. Las huellas de esta rebelión planeada se perderán en la arena del desierto cercano en el que esparcirán nuestras cenizas.

(Chirrian las bisagras de la puerta del patio, de pronto el patio se inunda de luces.)

COMANDANTE. Bien, señores, se acabó el parloteo. Pónganse ahí detrás frente a la pared, uno al lado del otro.

(Los hombres se miran unos a otros y se van levantando lentamente.)

COMANDANTE. ¡Venga, adelante! ¡No se hagan los cansados!

(Los amigos se alinean frente a la pared.)

COMANDANTE. *(Dirigiéndose al pelotón de fusilamiento que atentamente esperaba).* ¡Soldados, preparen armas! ¡Apunten! ¡Fuego!"

(Los detenidos caen tocados al suelo.)

COMANDANTE. *(Dirigiéndose a uno de los soldados).* Encárgese con sus compañeros de volver a ordenar todo aquí. A la salida del sol ya no quiero ver nada de esta porquería, ¿entendido?

SOLDADO, Sí, mi comandante.

Jecke von Aspis: „So sieht es aus – und jetzt sterben wir sogar dafür. Die Spuren des geplanten Aufstands verlieren sich im nahen Wüstensand, in den unsere Asche gestreut werden wird."

Die Hoftür knirscht in den Angeln, plötzlich ist der Hof von Licht durchflutet.

Kommandant: „So, meine Herren, genug geschwätzt. Stellen Sie sich da hinten an die Wand, einer neben dem anderen."

Die Männer sehen einander an, stehen langsam auf.

Kommandant: „Vorwärts, keine Müdigkeit vorschützen!"

Die Freunde stellen sich an der besagten Wand auf.

Kommandant, wendet sich zu einer wartenden Truppe von Soldaten:
„Soldaten, laden!
Und… angelegt!
Und… Schuss!"

Die Gefangenen fallen getroffen zu Boden.

Kommandant, zu einem der Soldaten: „Kümmern Sie sich mit Ihren Kollegen darum, dass hier wieder aufgeräumt wird. Sobald die Sonne aufgeht, will ich von dem Saustall nichts mehr sehen. Verstanden?"

Soldat: „Ja, Herr Kommandant."

(El comandante abandona el lugar. Los soldados sacan a los fusilados del patio. Después restriegan el suelo para limpiarlo de la sangre.)

TELÓN

Epílogo
Los fantasmas tienen libertad de decir locuras

(Delante del telón aparece un fantasma, se ve bien de que se trata de un ser femenino y maternal que se dirige al público.)

FANTASMA. Así pues, se acabó… ¿A lo mejor Tamino y Papageno hubieran conseguido más con su flauta encantada? ¿Quizás con ella se habrían arreglado las cosas? Pero es que hoy ya no quedan flautas encantadas.

(El fantasma se va.)

FIN

Der Kommandant verlässt den Hof. Die Soldaten ziehen die Erschossenen vom Hof und schrubben anschließend das Blut vom Boden.

VORHANG

Nachspann
Narrenfreiheit den Gespenstern

Vor den Vorhang tritt ein Gespenst, dem man gut ansieht, dass es einmal eine weibliche, mütterliche Frau war und wendet sich an das Publikum:

„So ist es also nun zu Ende…

Vielleicht hätten Tamino und Papageno mit ihrer Zauberflöte mehr bewirken, ja, alles zum Guten wenden können?

Aber heute gibt es keine Zauberflöten mehr."

Gespenst ab.

ENDE

Inhaltsverzeichnis

Sobre el contenido..5

Zum Inhalt..5

"El sueño de la razón produce monstruos" 6

Der Schlaf der Vernunft erzeugt Ungeheuer...............7

Personajes...10

Die Personen...11

INTRODUCCIÓN..12

Vorspann...13

PRIMER ACTO...16

1. Akt...17

SEGUNDO ACTO..38

2. Akt 39

ACTO TERCERO..44

3. Akt...45

ACTO CUARTO..50

4. Akt...51

QUINTO ACTO..58

5. Akt...59

SEXTO ACTO..66

6. Akt...67

SÉPTIMO ACTO...80

7. Akt 81

ACTO OCTAVO..90

8. Akt 91

ACTO NOVENO 94

9. Akt...95

Epílogo..102

Nachspann 103

Inhaltsverzeichnis..104

Ebenfalls überall im Buchhandel erhältlich:

Maria Muñoz Muñoz

**Und eines Tages
lernte ich
meine Sehnsucht kennen**

Gedichte und Erzählungen

ISBN 978-3-735-77600-6
9,90 € (D), 104 Seiten
20 farbige Abbildungen, 2 in Schwarz-Weiß

Das zentrale Thema dieses Buches ist die Treue des
Menschen zu sich selbst. Auf der Reise dorthin bewe-
gen sich die meisten seiner Texte in einer dem Alltag
entrückten, archetypischen Welt unerklärlicher
Visionen und Traumbilder.

Maria Muñoz Muñoz

**Begegnungen
Querbergein**

Gedichte

ISBN 978-3-735-73995-7
9,90 € (D), 100 Seiten
20 farbige Abbildungen, 14 in Schwarz-Weiß

Der unsichtbare Zauber der Natur ist das zentrale
Thema dieses Buches. Ob inmitten des Alltags
oder in entlegenen einsamen Landschaften –
das Buch der Natur ist stets weit geöffnet...